MAXIMILIAN DORNER

MEIN DÄMON IST EIN STUBENHOCKER

MAXIMILIAN DORNER

Mein Dämon ist ein Stubenhocker

Aus dem Tagebuch eines Behinderten

ZABERT SANDMANN

Handwerksgesellen trugen seit dem Mittelalter als Zeichen der Zunftangehörigkeit Ohrringe. Diese waren oft ihr einziger Wertgegenstand, mit dem später das Begräbnis bezahlt wurde. Brachen sie die Regeln der Zunft, riss man sie ihnen heraus. So entstand ein Schlitzohr. Bäcker, die zu kleine Brötchen gebacken hatten, wurden mit einem Ohr an die Kirchentür genagelt oder wie Spione an den Schandpfahl. Um sich zu befreien, mussten sie sich selbst losreißen. Ein derart gebrandmarkter Mensch konnte nie mehr in die Stadt zurückkehren, die ihn mit Bann belegt hatte. Er war vogelfrei und konnte in keine andere Zunft aufgenommen werden. Es blieb ihm nur die zweifelhafte Karriere als Söldner, Seemann, Pirat, Auswanderer oder das Dasein eines Gesetzesbrechers.

SEPTEMBER

Ich nun, in dieser schlaffen Friedenszeit,
Weiß keine Lust, die Zeit mir zu vertreiben,
Als meinen Schatten in der Sonne spähn
Und meine eigne Missgestalt erörtern.

WILLIAM SHAKESPEARE, RICHARD III.

1. September

»Mach schneller!«

Der betrunkene Penner überholt ungeduldig einen jungen Mann vor sich. Dieser bleibt für einen Augenblick stehen, als wolle er etwas erwidern, senkt den Blick aber gleich wieder. Ganz in Schwarz gekleidet, Anfang dreißig mit einem jungenhaften Gesicht, Dreitagebart und einer Intellektuellenbrille. Mit der einen Hand zieht er ein Rollköfferchen hinter sich her über den unebenen Bürgersteig. Mit der anderen stützt er sich auf einen schwarzen Holzstock. Das Köfferchen und der Stock passen nicht so richtig zusammen.

Er bewegt sich langsam, mit schleppenden Schritten, den Mund zusammengekniffen. Das rechte Bein zieht er leicht nach. Anscheinend beschäftigt ihn etwas, unhörbar murmelt er in sich hinein. Vielleicht ein Schauspieler oder ein Vertreter.

Alle Augenblicke sieht er zu der ungefähr zweihundert Meter entfernten Ampel wie zu einem Gipfelkreuz. Mit dieser Geschwindigkeit wird er sein Ziel nie erreichen, gleichgültig, wo er hin möchte. Fast scheint es so, als ob er es darauf anlegen würde. Statt einen Zahn zuzulegen, wird er langsamer, trödelt wie ein Schulkind. Fünf Meter vor der Ampel bleibt er auf den Stock gestützt stehen. Tränen laufen ihm über die Wangen. Doch gleichzeitig grinst er.

Kopfschüttelnd torkelt der Penner in eine andere Richtung davon und murmelt:

»So ein Spinner.«

Ich wische mir mit dem Ärmel meines Jacketts das Gesicht ab. Sich in andere Menschen hineinzuversetzen, wie meine Schwester rät, führt nicht zwangsläufig zu erfreulichen Einsichten. Für die letzten Meter umfasse ich mit festem Griff meinen Stock. Die werde ich auch noch schaffen. Und wenn ich krieche.

Seit zwei Jahren, und im Verborgenen wohl viel länger, habe ich Multiple Sklerose. Die Bezeichnung ist so hässlich wie die Sache selbst. Seitdem ist das Gehen für mich keine Selbstverständlichkeit mehr, das Tasten, das Sehen, das Gleichgewicht. Die Unbeschwertheit verflogen, der Abenteuergeist gezügelt (wenigstens das, seufzen meine Eltern). Nun ja, nicht ganz, sonst hätte ich nicht wider besseres Wissen die U-Bahn genommen, nur um mir ein bisschen Normalität vorzugaukeln. – Wieder einmal habe ich mich um hundert Meter verschätzt, auf dem Weg zu Freunden. Sie wohnen in dem Altbau hinter der verdammten Ampel, es sind nur noch zehn Meter. Aber es sind zehn Meter zu viel, sie fordern meinen ganzen Willen. Die leichte Steigung wird zu einem kaum überwindbaren Hindernis.

»Ich hebe meine Augen auf zu den Bergen: Woher kommt mir Hilfe?« Auf einer Wanderung von Stuttgart ans Meer hat es mir geholfen, die beiden Psalm-Verse als Mantra zu wiederholen, wenn die Füße bereits müde waren, aber der nächste Ort noch fern. Vor vier Jahren habe ich zum ersten Mal erlebt, was es heißt, bis an die Grenzen zu gehen, auch wenn das damals vierzig Kilometer waren und nicht wie heute vierhundert Meter. Im Rückblick erscheint es mir wie eine Übung für den Ernstfall. Ich zehre von diesen Erfahrungen. Immerhin brauche ich heute keinen Marathon mehr zu laufen, um zu wissen, wie sich völlige Erschöpfung anfühlt.

Die abenteuerliche Welt um mich herum ist wieder auf Kinderdimensionen geschrumpft. Freunde fahren nach Südamerika, klettern im Himalaja herum oder lassen sich von asiatischen Mücken zerstechen. Ich winke ab: Mir reicht ein Park ohne Bank oder eben der nicht endende Bürgersteig neben dieser dicht befahrenen Straße. Aber die neuen Abenteuer sind nicht mehr die eines tollkühnen Jungen. Hinzu kommt das Bewusstsein, dass dies viele Jahre – wahrscheinlich sogar noch schlimmer – so weitergehen soll, muss. Lebenslänglich.

Woher kommt mir Hilfe?

Das Rollköfferchen fühlt sich an wie eine Fußfessel, die hinter mir herschleift. Aber ich bin kein entflohener Häftling, vor mir liegt nicht die Freiheit in der untergehenden Sonne der Prärie, sondern nur der Döner Grill West in Stuttgart. Das rechte Bein reagiert verzögert, ein trotziges Kind. Jeder Schritt ist eine Qual, den Fuß hochheben, nach vorne schlanzen, das Gleichgewicht verlagern. Es ist ganz großes Theater, allerdings nur in meinem kranken Kopf. Alle Versuche, es jemandem zu erklären, scheiterten bisher. Sosehr ich mich auch bemühe, ernte ich immer nur: »Tut mir leid, aber ich kann mir das nicht vorstellen.«

Das Absonderliche an der Situation ist, dass ich ganz genau spüre, dass die Muskeln funktionstüchtig wären, die Gelenke, die Sehnen, der ganze Bewegungsapparat will laufen, rennen, hüpfen. Nur in der Schaltzentrale herrscht Chaos. In einem gesunden Körper kann auch ein ungesunder Geist wohnen.

Schließlich habe ich es bis ins Treppenhaus geschafft und hocke mich erschöpft auf die Stufen. Wäre ich doch daheim geblieben. Bereits in München auf dem Weg vom Taxi zum Zug habe ich das gedacht. Und dann wieder auf dem Weg vom Zug zum Veranstaltungsort in Stuttgart. Und dann wieder, als ich ein quälend langes Seminar für Autoren gegeben habe, und dann wieder – ein Junge, vielleicht zwölf Jahre alt, springt neben mir herunter. (Von oben kommt mir Hilfe!) Auf meine Bitte hin nimmt er mein Köfferchen und trägt es nach oben. Meine Großmutter hatte für solche Fälle immer eine Tafel Schokolade dabei.

Nach jedem Treppenabsatz dreht er sich um und sagt: »Lassen Sie sich Zeit!«

Doch wenn ich mir Zeit ließe, würde ich vor Erschöpfung und Zorn auf mich selbst wieder zu weinen beginnen, stattdessen versuche ich, ihm in seinem Tempo zu folgen. Immer diese Lügen, diese Scheu, die eigene Gebrechlichkeit zuzugeben: »Geht schon« ist der wohl in den letzten beiden Jahren von mir am häufigsten gebrauchte Satz. – »Ich kann nicht mehr«, habe ich zwar auch oft gesagt, aber nur zu mir selbst.

Beim letzten Absatz streikt das rechte Bein, ich muss es wie einen Holzklotz von Stufe zu Stufe wuchten. Oben angekommen stellt sich heraus, dass mir die Freunde nur den Briefkastenschlüssel gegeben haben. Ich muss laut lachen. Mein Retter hüpft die Treppen hinunter und mit dem Schlüssel wieder herauf.

»Sind Sie krank?«, fragt er mich.

»Nein, ich bin behindert.«

»Wirklich? Das sieht man gar nicht.« Und nach einer Pause setzt er hinzu: »Aber das ist nicht so schlimm.«

2. September

Am Sonntagmorgen warte ich auf der zerschlissenen Ledercouch, bis meine Freunde aufstehen. Eine zerfledderte Schulbibel liegt quer über den Asien-Reiseführern im Bücherschrank, der Buchblock mit Kugelschreiberornamenten verziert. Ich ziehe sie heraus, um den Psalm mit den Bergen nachzuschlagen.

»Nimm und lies!«: Augustinus fand so auf den rechten Weg, nachdem ein Nachbarsjunge ihn mit diesem Ausruf ermuntert hatte, die Bibel aufzuschlagen und die erstbeste Stelle auf sich zu beziehen. Vielleicht gelingt mir das auch. Es muss ja nicht gleich zur Heiligsprechung führen. Also schließe ich die Augen, lasse die Seiten durch die Hände schnurren – und schummle nur insofern, als ich im hinteren Drittel stoppe: Das Neue Testament scheint mir sicherer.

Mit dem Zeigefinger fahre ich über die Zeilen, zähle bis drei und halte an. Ich muss laut lachen: »Da brachte man einen Gelähmten zu ihm, er wurde von vier Männern getragen.« – Punktlandung bei der »Heilung des Gelähmten«.

Da sich im Haus alle um Jesus drängeln und dort kein Durchkommen ist, haben die vier kurzerhand das Dach abgedeckt und lassen den Gelähmten auf seiner Bahre hinunter. Pragmatiker haben mir immer imponiert. Jesus scheint verwundert in seiner Predigt innezuhalten, jedenfalls blickt er zu den vieren hoch, er sieht ihren Glauben, heißt es. Wie sie atemlos durch das Loch in der Decke lugen, die Seile in der Hand. Es hat etwas von Vordrängeln, aber charmant. Jeder beobachtet jeden in diesem Augenblick: Jesus schaut auf die vier Männer; das Volk und die Schriftgelehrten, die aus heiterem Himmel aufgetaucht sind, mustern Jesus. Wen der Gelähmte ansieht, bleibt offen. Wahrscheinlich starrt er auf den Boden. Mir an seiner Stelle wäre die Situation unglaublich peinlich.

Unvermittelt sagt Jesus in die Stille: Mein Sohn, deine Sünden sind dir vergeben. – Hallo?! Verwechselt er da nicht etwas? Vor ihm liegt ein Gelähmter und nicht Maria Magdalena. Was haben dessen Sünden mit der Lähmung zu schaffen? Ist er gelähmt, weil er ein Sünder ist, die Behinderung also eine Strafaktion Gottes? Obwohl ich die Passage dreimal durchlese, erschließt sie sich mir nicht. Im Gegenteil, es wird noch unverständlicher. Als ob die Angelegenheit nicht schon verzwickt genug wäre, geht es bei der anschließenden Diskussion zwischen Jesus und den Schriftgelehrten gar nicht mehr um den Gelähmten, sondern um die berechtigte Frage, ob und wer wen von Sünden freisprechen darf. Als ob man das nicht später klären könnte. Das Ganze erinnert an eine Chefarztvisite, bei der nicht der Kranke im Mittelpunkt steht, sondern der Oberarzt. Jesus kürzt schließlich die Diskussion ab, indem er den Gelähmten heilt und nach Hause schickt. Der nimmt seine Bahre und geht davon. Über die vier Männer oben erfährt man nichts weiter. Das umstehende Volk applaudiert wie in einer Talkshow. Alle geraten außer sich und rufen: So etwas haben wir bisher nicht gesehen.

Ich klappe die Bibel zu und stelle sie zurück zu den Reiseführern ins Regal. Doch der behauptete Zusammenhang zwischen Behinderung und Sünde lässt mich nicht los: Ist die Behinderung die notwendige Folge meiner Sünden? Dann muss ich einiges auf dem Kerbholz haben.

3. September

Autos quälen sich durch die Rotebühlstraße. Träge Hektik und die alltägliche Aggression des Feierabendverkehrs. Mit einem Kollegen verlasse ich den Verlag. Die nächste Fußgängerampel wäre nur fünfzig Meter entfernt. Ich ignoriere sie und genieße das Gefühl, einfach loszulaufen, ohne nach links und rechts zu schauen, weil ich weiß, dass man beim Anblick meines Stockes anhält. Er wirkt wie ein Stopp-Schild. Ich gehe ein bisschen langsamer als möglich, um den Fahrer zu prüfen. Auf der Straße stehen bleiben musste ich bisher nicht, auch angehupt wurde ich noch nie. Hin und wieder bemühe ich mich um einen weniger »anständigen« Gang, schlurfe und hinke. Meistens ist die kleine Show-Einlage jedoch gar nicht nötig, weil schon vorher gebremst wird. Wobei auch das Bremsen etwas Theatralisches hat, es ist verbunden mit einer großen Geste: Ich Autofahrer gebe meine Übermacht auf, wie ein König, der einen Bettler nach dem Weg fragt. Für einen wie mich wird mit großem Abstand gebremst.

Ich habe den Eindruck, dass ich den Autofahrern etwas Gutes tue, wenn sie ein bisschen Rücksicht üben können.

Es macht gute Laune, und so haben alle Beteiligten etwas davon.

Was aber, wenn ich mich morgen entschließen sollte, einen Auffahrunfall zu provozieren? Es wäre ganz einfach, man muss nur den passenden Moment abwarten und auf die Fahrbahn treten. Die meisten Autofahrer werden lieber einen Blechschaden in Kauf nehmen, als sehenden Auges einen Behinderten umzufahren.

Morgen probiere ich das einmal aus.

4. September

Auf der Rückfahrt nach München grüble ich weiter über den Zusammenhang zwischen Sünde und Behinderung. Deswegen ist bereits eine Freundschaft zerbrochen. Ich empfand es als Zumutung, wenige Tage nach der Diagnose von einer ganzheitlich angehauchten PR-Referentin darauf gestoßen zu werden. Es wäre an der Zeit zu überlegen, meinte sie, was die Krankheit mir sagen möchte. Ich wäre doch immer so ungeduldig gewesen, so rastlos mit meinen tausend Projekten und Ideen, und da hätte mir mein Körper nun die Quittung präsentiert. Er führe mir vor, was Ruhe und Langsamkeit bedeuten, sinnierte sie und schob die Sonnenbrille ins Haar. Die Lähmung meiner Beine wäre ein Zeichen, dass ich mein Leben neu ordnen müsste. Es klang ganz so, als ob ich die Verantwortung dafür komplett übernehmen sollte. Da war sie wieder, die Behinderung als Strafe. Nur Gott kam in ihrer Fassung nicht mehr vor. Besonders geärgert hat mich die hohepriesterliche Selbstgewissheit, mit der sie ihre Schlüsse für mich zog. Eine Behinderung ist erst mal nichts als eine Zumutung.

5. September

Im Neunten Buch des Sozialgesetzbuchs heißt es: »Menschen sind behindert, wenn ihre körperliche Funktion, geistige Fähigkeit oder seelische Gesundheit mit hoher Wahrscheinlichkeit länger als sechs Monate von dem für das Lebensalter typischen Zustand abweicht und daher ihre Teilhabe am Leben in der Gesellschaft beeinträchtigt ist. Sie sind von Behinderung bedroht, wenn die Beeinträchtigung zu erwarten ist.«

Je genauer man sie zu fassen bekommt, desto besser. Nicht, dass da einer kommt und sich als Behinderter ausgibt, der in Wirklichkeit – ja was eigentlich ist? Für das Gegenteil von »Behinderter« fehlt ein Begriff.

Behinderte Hochstapler sind nicht beliebt: weder bei den Gesunden, die sie für Schmarotzer halten, noch bei den richtig Behinderten, die sich um etwas betrogen fühlen. In der Grauzone, die mit der Übertreibung beim Arzt beginnt und beim ausgeliehenen Behindertenparkausweis der Großmutter nicht endet, tummeln sich wahrscheinlich viele. Doch selbst ohne betrügerische Absicht gibt es für mich eine Abweichung zwischen gefühlter und tatsächlicher Einschränkung, die zu allem Überfluss ständig wechselt, manchmal von Tag zu Tag.

Vor zwei Jahren habe ich mich weniger behindert gefühlt, als ich war. Irgendwann kippte das, und seitdem empfinde ich mich als eingeschränkter, als ich wahrscheinlich bin. Wer kann es sagen? Es gibt keine Objektivität bei der Zumessung von Behinderung, weil sie untrennbar an die jeweilige Lebenssituation gebunden ist. Solange ich vor meinem Laptop hocke, bin ich nicht behindert, sobald ich aufstehe, schon.

Wer sechs Monate von dem für das Lebensalter typischen Zustand abweicht, ist behindert ... Wenn einer fünf Monate und drei Wochen im Rollstuhl sitzt, ist er also nicht behindert? Unsinn. Es ist durchaus sinnvoll, Behinderung zeitlich zu fixieren. Doch die Zeit macht es noch schwieriger: Monate im Rollstuhl können sehr lang sein und doch kurz im Vergleich zu einer lebenslangen Lähmung. (Und was heißt das für Dreißigjährige: der für das Lebensalter typische Zustand? Bedeutet es: erste Sinnkrisen, Verklärung der Jugend, Sehnsucht nach einem ganz anderen Leben, erste Ermüdungserscheinungen im Beruf? Der typische Zustand einer Generation ist selbst ohne Behinderung ausschließlich von Krisen geprägt.)

Sechs Monate sind, um eine körperliche Einschränkung zu akzeptieren, eher knapp kalkuliert. Nach einem halben Jahr habe ich auf die Frage von Freunden, ob sie sich mit mir im Auto nun auf die immer freien Behindertenparkplätze stellen dürften, beleidigt reagiert: Was fällt euch ein, ich bin kein Behinderter!

Inzwischen lasse ich mich widerspruchslos von Klofräulein in die Behindertentoiletten weisen.

6. September

Meine Beine verweigern nach wenigen hundert Metern den Dienst, an guten Tagen. An den anderen ist bereits das Aufstehen eine Qual. Ohne Gehstock falle ich um. Eine Treppe ohne Geländer ist unüberwindbar, ein Stapel Bücher zu schwer. Ich bin leicht aus dem Gleichgewicht zu bringen. Man braucht mich nicht einmal zu berühren, nur das Licht auszuschalten. Keine fünf Sekunden später liege ich am Boden, ohne aus eigener Kraft wieder hochzukommen. In meinen Augäpfeln schwimmt das geronnene Blut geschlagener Schlachten, wie in Aspik eingelegte Spinnennetze. Meine Blase führt sich auf wie ein unberechenbarer Theaterdespot, treibt mich mit sinnlosen Befehlen auf die Toilette oder hinter den nächsten Busch. Und das ist noch nicht alles. Schmerzfrei könnte ich über glühende Kohlen stolpern, weil ich von den Zehen bis zum Bauchnabel nicht mehr viel spüre, ganz zu schweigen von den Koordinationsschwierigkeiten der linken Hand. Weiter! An manchen Tagen schleift mich eine unnatürliche Müdigkeit, gegen die ich am Schreibtisch sitzen bleibe, unfähig zu allem. Genug jetzt.

In Wahrheit aber ist es nämlich so:

Mein Fuhrpark umfasst vom japanischen Kleinstwagen bis zum BMW Cabrio alle Fahrzeugklassen. Ich habe ungefähr sechs Chauffeure in München, drei in Stuttgart, einen in Leipzig und zwei in Berlin, im Bedarfsfall werden es sogar mehr. Ich herrsche über mein Reich mit strenger Milde, aber wenn ich möchte, dass meine Untertanen für mich staubsaugen, tun sie es sogar im Smoking oder Abendkleid. Und wenn ich mir einbilde, Fischöl-Kapseln (wegen der Omega-Irgendwas-Fette) zum Frühstück haben zu wollen, kostet mich das nur einen Anruf bei meiner Schwester, und morgen sind die Dinger da.

7. September

Nach einem halben Jahr des Zauderns habe ich den »Antrag auf Feststellung eines Grades der Behinderung (GdB) von wenigstens 70%« ausgefüllt. Der Mensch ist ein sonderbares Wesen. Zunächst braucht er unendlich viel Zeit, um eine neue Situation zu akzeptieren, und auf einmal kann er gar nicht genug davon bekommen und will am liebsten nicht mehr an sein altes Ich erinnert werden. Mein Ehrgeiz, bei den Behinderten ganz vorne mit dabei zu sein, nervt mich. Erst über 50 gilt man als so richtig (schwer-)behindert. Alles darunter ist für Anfänger ... Also korrigiere ich meinen Antrag von siebzig auf achtzig Prozent hoch.

So hoch hat Julian die Messlatte gehängt, der zumindest ein paar Kilometer stock- und krückenfrei herumlaufen kann. Wir überschlagen unsere Behinderungen (bei ihm: Doppelbilder, Spastiken, Potenzprobleme) und kommen zu dem Schluss, dass ich mindestens in seiner Liga spiele, also siebzig plus. Ihm hat der Ausweis den Job gerettet, erzählt er. Laut Sozialplan war seine Kündigung schon unterschrieben, als er wegen der MS fast erblindete. Nun sitzt er fest im Sattel, auch wenn der Personalchef ihn nicht mehr grüßt.

Die für uns zuständige Behörde ist das Versorgungsamt. Zumindest hieß es bis vor ein paar Jahren so. Heute: Zentrum Bayern Familie und Soziales. Klingt ein bisschen nach Sozialstaat. Und ein bisschen nach Reform.

Egal. Ab sofort nehme ich an einem »Schwerbehindertenverfahren (Feststellungsverfahren und Ausweiswesen)« teil. Die Versuche, telefonisch die richtige Adresse herauszubekommen, erinnern allerdings mehr an Kafka als an Sozialstaat. Die Ansage in der Warteschleife hat etwas entspannt Unprofessionelles. Ich verstehe nicht, warum ich mir sofort schuldig vorkomme. Wie ein Eindringling. Vielleicht bin ich doch ein Sünder, zumindest bin ich aufdringlich. Sofort lege ich auf.

Um meinen Telefonüberfall wiedergutzumachen, versuche ich in dem Anschreiben, möglichst kollegial behindert zu wirken, also eben nicht behindert behindert, sondern irgendwie nett behindert. Vorsichtshalber schicke ich den Antrag per Einschreiben ab.

8. September

Wenn ich mich abgrundtief verloren fühlen möchte, suche ich ein Behinderten-WC auf. Sie sind oft bis zur Decke gekachelt, als würde darin geschlachtet werden oder etwas anderes sehr Unappetitliches geschehen. Meist sind diese Toiletten nicht nur räumlich abgesondert von denen der gesunden Klobenutzer, im Untergeschoss, am Ende eines Ganges. Auch die Geschlechtertrennung, auf die sonst so viel Wert gelegt wird, ist aufgehoben. Behindert ist behindert, unisex. Geregelt findet sich alles in der DIN-Norm 18024-2: »In jedem Sanitärraum oder jeder Sanitäranlage ist mindestens eine für Rollstuhlbenutzer geeignete Toilettenkabine einzuplanen.«

Ich fühle mich in den überdimensionierten Räumen bloßgestellt. Es ist darin nicht nur Platz für den Behinderten, seine Hilfsmittel und einen Betreuer, sondern auch noch für mindestens fünf imaginäre Zuschauer, ohne dass sie sich auf die Füße treten müssten. Wie in einer Manege. Heute Sondervorstellung: Der Mann ohne Gleichgewichtssinn pinkelt im Stehen und trifft daneben.

Der Eindruck, bloßgestellt zu sein, wird durch das Überangebot an Spiegeln unterstützt. Mit fast schon boshafter Absicht. In einem Münchner Museum hängt neben der Kloschüssel vom Boden bis zur Decke ein Spiegel. Ich soll sie ruhig sehen, meine Gebrechlichkeit, meine Ungeschicklichkeit. »Über dem Waschtisch ist ein Spiegel anzuordnen, der die Einsicht sowohl aus der Steh- als auch aus der Sitzposition ermöglicht.« – Aber doch bitte nur die Einsicht vor dem Waschtisch. Das Ganze wirkt wie eine Rache der Architekten, die wertvolle Quadratmeter für Leute wie mich opfern mussten.

Es ist elf Uhr dreißig am Samstagabend. Ich bin 34 Jahre alt. Statt in einer Bar zu trinken, zu flirten, abzuschleppen, zu tanzen, mit Fremden zu philosophieren, kauere ich mit krummem Rücken vor meinem Laptop und schreibe über Behindertentoiletten. Das ist behindert.

9. September

Meine Schwester und ich fahren in einen Biergarten. Bei dem Museum bitte ich sie, kurz anzuhalten. Ich leihe mir ihren Lippenstift aus, erkläre der Dame am Einlass, dass ich ganz dringend auf die Behindertentoilette müsste, und male in roten Großbuchstaben auf den Spiegel:

YOU LOOK BEAUTIFUL

10. September

Ein Begriff in der Gesetzesdefinition von Behinderung lässt mich nicht los: Teilhabe am Leben in der Gesellschaft. Was ist damit gemeint? Schon meine Freunde zerfallen in drei Dutzend Gesellschaften. Am liebsten möchte ich auf allen tanzen.

Ein befreundeter Richter schreibt mir auf die Bitte nach einer Erklärung: »Was Deine juristische Frage angeht, so muss ich Dich enttäuschen: *Leben in der Gesellschaft* ist ein für Gesetze völlig atypischer Begriff. Eine Definition gibt es nicht. Ich habe in den beiden mir zur Verfügung stehenden juristischen Datenbanken recherchiert. Der Begriff kommt nur in den Vorschriften vor, die sich mit Behinderten befassen (BGG, SGB I, SGB IX), und zwar dort auch nur in den Regelungen, in denen die allgemeine Zielsetzung des Gesetzes beschrieben wird und aus denen sich keine unmittelbaren Rechtsfolgen ergeben. Er wird in keiner mir zugänglichen einschlägigen Kommentierung auch nur problematisiert, geschweige denn definiert. Auch in der Begründung des Gesetzentwurfs zum BGG (BT-Drs. 14/7420, über die Homepage des Bundestages verfügbar) wird auf den Begriff nicht eingegangen. Eine Eingrenzung erscheint mir auch kaum möglich. Leben in der Gesellschaft dürfte letztlich alles erfassen, was außerhalb des Bereichs der engeren Privatsphäre liegt.«

Dann muss ich das wohl für mich selbst definieren.

Mein Leben in der Gesellschaft findet hauptsächlich in Cafés und Theatern statt. Das bedeutet, dass ich nach einer sechsmonatigen Zwangsabstinenz von meinem Stammcafé behindert wäre. Eine befriedigende Definition ist das keinesfalls, denn bereits nach drei Wochen würde ich verzweifeln.

11. September

Behinderte Götter gab es bei den schönheitsvernarrten Griechen kaum. Eigentlich nur einen, und der machte sich mehr als einmal zum Gespött seiner Kollegen: Hephaistos, der Schmied. Weil er seit der Geburt entstellt war, wurde er von seiner Mutter Hera oder seinem Vater Zeus – ein Kind aus der ersten Reihe – vom Olymp geworfen und humpelte seitdem auch noch. Angeblich soll er sich deswegen zwei goldene, sprechende Sklavinnen-Automaten aus Gold gebaut haben, auf die er sich stützte. Offenbar war er so frustriert, dass er von den Waffen Achills bis zur Kette für Prometheus alles schmiedete, womit sich Götter und Menschen anschließend das Leben schwer machen konnten. Warum er sich allerdings nebenher als Mundschenk der Götter zu deren Gespött machte, leuchtet nicht so recht ein. Vielleicht bedeutete es für ihn die unverzichtbare Teilhabe an der Gesellschaft.

Kaum verwunderlich, dass sich seine Frau statt zu dem Workaholic lieber zum Kriegsgott Ares ins Bett legte. Hephaistos bemerkte den Betrug jedoch und bastelte ein unsichtbares Netz, um damit die beiden Ehebrecher zu fangen. Als ihm das schließlich gelang, trommelte er die anderen Götter zusammen, um sich zu beschweren.

Hephaistos selbst sah, so erzählt es Homer, in seiner Behinderung den Grund für den Betrug: »Darum, weil jener schön ist und gerade von Beinen, ich aber solche Krüppelgestalt.« – Auch ich bin der Gefahr oft erlegen, eine zwischenmenschliche Enttäuschung mit der Behinderung zu erklären. Dabei wäre das meiste auch ohne schiefgegangen ...

Die Götter jedenfalls hatten kein Mitleid, sondern lachten nur wieder. Vielleicht in dieser Situation nicht das Schlechteste. Jeder Behinderte, mit dem ich bis jetzt gesprochen habe, hat ein gespaltenes Verhältnis zum Mitleid. Lachen ist heilsamer als Weinen.

12. September

Die Germanen hatten schon immer eine Neigung zum Gebrochenen und Behinderten. Bei ihnen ist der Göttervater selbst, Odin oder Wotan, einäugig; Tyr ist einhändig, Loki lahm, Hödr blind, Vidar stumm. Ihre Helden waren nicht besser dran: Lahme, Blinde und Stumme bilden die Mehrzahl. Wie gut, dass ich Germane bin.

13. September

Der Wirt im ›Forum‹ bietet mir einen bequemeren Platz an, »weil Sie ja ein kleines Handicap haben«. – Ablehnend schüttle ich den Kopf, worauf er sich irritiert zurückzieht. Ich sehe nicht ein, mir die Handicap-Kappe überzuziehen, und bleibe lieber auf dem unbequemen Barhocker. Und klein ist meine Behinderung im Übrigen auch nicht. Vielleicht nicht so groß wie ein indischer Elefant, aber immerhin wie ein ausgewachsener Bernhardiner. Nur weil es sich weniger harsch anhört, habe ich kein Handicap. Meinen Dämon möchte ich beim Namen nennen: Ich bin behindert und Punkt. Jedem Betroffenen steht es frei, sich nach eigenem Gutdünken zu bezeichnen: gehandicapt, behindert, Mensch mit Behinderung, eingeschränkt ... Ich fühle mich mit »Behinderter« wohl. Zur Zeit. Wenn ich meine Meinung in diesem Punkt ändern sollte, werde ich es meinen Freunden mitteilen. Und alle anderen bitte ich, meine Selbsteinschätzung zu akzeptieren. Im Gegenzug verspreche ich, mein Gegenüber – mit seinen Ängsten – ernst zu nehmen, auch wenn mich jemand zum Gehandicapten herunterstuft.

Sprache ist im Fluss: Zwanghafte Begradigungen und Staustufen führen irgendwann zu Überschwemmungen.

Wäre meine Behinderung angeboren, würde ich sehr allergisch darauf reagieren, vor allem als »Behinderter« eingeordnet zu werden. Wahrscheinlich bin ich mit meinem täglich wechselnden Behinderungsgrad ein Sonderfall.

14. September

Meine ganz persönlichen Handicap-Favoriten:

Christian handicapt sich selbst, indem er nie Zeit hat. Manchmal hat er so wenig Zeit, dass er gar nicht mehr die Zeit hat, zu überlegen, warum er eigentlich keine hat. Aber wenn er einmal Zeit hat, klagt er gern ausführlich darüber, keine Zeit zu haben.

Roman hat das Gesicht eines Engels und den Körper eines Athleten. Jeden Samstag schleppt er in der Disco einen Mann ab. Während des Sex ist noch alles in Ordnung. Danach wirkt sein Stottern wie eine kalte Dusche und veranlasst die Lover, schnell das Weite zu suchen. Verliebt sich aber jemand in ihn, bricht er sofort den Kontakt ab: Mit perversen Arschlöchern, die auf Stotterer stehen, möchte er nichts zu tun haben.

Julia handicapt sich selbst mit ihrem festen Glauben, dass an allem, was bei der Arbeit schiefläuft, sie die Verantwortung trägt. Im Versuch, es allen recht zu machen, überfordert sie sich ununterbrochen selbst, so dass sie schließlich so gereizt auf ihre Kollegen reagiert, dass diese ihr die Schuld an allem geben, was schiefläuft ... Und wehe, man lacht über ihr Handicap.

Wenn man genau hinsieht, gibt es niemanden ohne.

15. September

Bayerische Politiker und ich sind sehr stolz darauf, dass der Münchner Flughafen so bombastisch groß ist. Als Gehbehinderter auf dem Weg nach Lanzarote empfinde ich vor Ort jedoch keine rechte Freude daran. Also organisiert Julia nach dem Einchecken einen Rollstuhl.

Vor der Handgepäckkontrolle bitte ich sie, mich nicht mehr zu schieben. Mir ist schwindlig, da sie mich jedes Mal mitdreht, wenn sie nach links oder rechts schaut. Doch nach zehn Metern merke ich, dass es mir zu anstrengend ist, alleine vorwärts zu kommen.

»Kannst du mich wieder schieben?«, bitte ich sie. »Ich brauche meine Hände, weil ich noch ein ›Ave Maria‹ für unseren Franz Josef Strauß beten muss, sonst bekommen wir meine Spritzen nicht durch die Gepäckkontrolle.«

»Schlitzohr«, murmelt Julia.

Ich wünsche mir, dass sie mich damit ein bisschen mitgemeint hat, und lasse mich mit gefalteten Händen bis zum Gate schieben.

16. September

Der einzige Zugang zum Meer befindet sich an einer betonierten Mole mit vorgelagerten, glitschigen Felsbrocken. Schon die Gesunden haben Mühe, ins Wasser zu kommen. Zwei Stunden hocke ich an der Kante und starre hinunter. Dieser eine Tritt, die dann notwendige Drehung auf dem Stein und das langsame Hinabgleiten sind mir unmöglich. Julia ermahnt mich, nicht unvorsichtig zu sein. Das Wasser wäre auch gar nicht so überwältigend, als dass es Ertrinken oder Knochenbruch lohnen würde. Ich nicke mit zusammengebissenen Zähnen. Natürlich. Aber selten wurde mir so schmerzhaft bewusst, wie nah das Unerreichbare sein kann. Einen einzigen Schritt nur.

Eine halbe Stunde später ist die Sehnsucht so groß und die Wut so gestiegen, dass ich sie mit falscher Freundlichkeit bitte, mir ein Eis zu holen. Froh, mir einen Gefallen tun zu können, steht sie sofort auf. Kaum ist sie weg, rapple ich mich ebenfalls hoch. Der erste Tritt gelingt, triumphierend drehe ich mich und dabei knickt mir – wie zu erwarten war – das Bein weg. Ich rutsche ab und falle auf einen Stein unter Wasser.

Julia verkneift sich nach meiner Rettung Gott sei Dank jeden Kommentar, schimpft nur ein bisschen vor sich hin, dass man mich keine fünf Minuten alleine lassen könne. Doch es liegt auch Stolz in ihrer Stimme, und Erleichterung. Zumal ich noch lebe und mir nichts gebrochen habe, sondern nur wie ein Heiliger aus Wunden am ganzen Körper blute. Ich muss versprechen, in Zukunft nicht mehr so unvernünftig zu sein.

Mit einem Siegerlächeln gelobe ich es. Obwohl ich am Rücken davon eine Narbe behalten werde, würde ich es sofort wieder machen.

Das Wasser war herrlich.

17. September

Krücken sind bei Buffets eher unpraktisch. Man wird zwar vorgelassen, muss den vollen Teller dann aber erst mal jemand anderem anvertrauen. Dafür kann man sich quirlige Kinder vom Leib halten.

18. September

Beim Blick in den Spiegel der heruntergekommenen Toilette einer Tapas-Bar erschrecke ich: Nach vorne gebeugt klammere ich mich mit einem erschöpften Gesichtsausdruck an dem Waschbecken fest, um das Gleichgewicht nicht zu verlieren, die Krücken lehnen an der Tür. Erleichtert, es gerade noch einmal rechtzeitig geschafft zu haben. – Eine Ungeheuerlichkeit, wenn das die Freuden des Alltags sein sollen: sich nicht in die Hose zu machen. Wie ein elektrischer Schlag trifft es mich: So soll das jetzt dreißig, vierzig Jahre weitergehen? Diese Tage, die eine einzige Ansammlung an peinlichen Momenten sind, dieser Verlust an Selbstbestimmtheit. Ganz sicher sogar wird es schlimmer werden. Für ein paar Sekunden überfällt mich ein unbeschreiblicher Ekel, vor mir selbst, vor dieser stinkenden Toilette, vor der Welt. Ich reiße einen Packen Papierhandtücher aus dem Behälter und werfe sie in den Abfalleimer.

Ein Schwerverbrecher muss sich so fühlen, zurück in der Zelle nach der Verurteilung. Beim Blick aus dem vergitterten Fenster durchzuckt ihn plötzlich die Erkenntnis, was das heißt: *lebenslänglich.* Wohin mit der Wut, dem Zorn? Später, morgen, will ich Erbarmen mit mir haben. Heute hasse ich die Entzündungen in meinem Kopf, überflüssig wie verbohrte Selbstmordattentäter. Mein ganzes Gehirn wie Bagdad. Doch auch ich könnte mit einem Anschlag für Ruhe sorgen. Mir das nicht bieten lassen.

Aber der Tod ist keine Alternative, mit leisem Bedauern wird es mir bewusst. Das Leben muss man mit Anstand bewältigen. Und es ist wahrscheinlich langweiliger, ewig tot als vierzig Jahre behindert zu sein.

Ich trockne mir die Hände ab, werfe in der Tür noch einen Blick zurück und strecke mir die Zunge heraus.

19. September

Um den besichtigungswütigen Touristen bei schlechtem Wetter etwas zu bieten, hat man mitten in der spröden Hügellandschaft Lanzarotes einen Kakteengarten in Form eines Vulkankraters angelegt. Wäre der Himmel nicht seit Tagen bedeckt, hätte mich Julia nicht zu einem Besuch überreden können. So füge ich mich widerwillig.

Mit zwei Krücken kämpfe ich mich eine geländerlose Treppe aus unbehauenem Stein herunter. Ein Sturz hätte fatale Folgen: Zehn Meter unter mir erstreckt sich eine ganze Armee mannshoher und bis an die Zähne bewaffneter Kakteen. Ein amerikanisches Ehepaar bleibt in sicherem Abstand stehen, um sich zu erkundigen, ob ich einen Unfall gehabt hätte. Etwas unbeholfen erkläre ich ihnen, dass es sich um ein *permanent problem* handeln würde. Unisono befinden sie:

»You're managing brave.« – Sie machen das tapfer.

Es ist aber keine Frage der Tapferkeit, sondern ein offensichtlicher Mangel an gesundem Menschenverstand. Wenn man ehrlich ist, habe ich auf dieser unsicheren Treppe einfach nichts verloren. Mit gleichem Recht hätten die beiden auch sagen können »how stupid«. Aber das sagt man nicht – erst recht nicht zu einem Behinderten. Denn man achtet den tapferen Behinderten, wenn er sich im Rollstuhl eine Steigung hochquält. Oder den Ironman mit Prothese, den blinden Globetrotter. Hauptsache mit zweihundert über die Autobahn des Lebens.

20. September

Ist es tapfer, das zu tun, was man tun muss und kann? Ich bekomme solche Rückmeldungen, wenn ich mich scheinbar oder tatsächlich unnötig einer Situation aussetze, die mich auf den ersten Blick zu überfordern scheint.

Der Mythos vom tapferen Behinderten wird genährt von der Selbstüberwindung. Die Story eines gleichaltrigen Afghanistan-Veteranen, der bei einem Selbstmordanschlag in Kundus schwer verletzt wurde, tönt so: »Er ging an Krücken. Er wollte auf keinen Fall im Rollstuhl ins Standesamt rollen. Die Ärzte hatten ihm keine Hoffnungen gemacht. Aber er gab nicht auf, er trainierte hart. ›Ich habe gearbeitet‹, sagt er. Dann führte er seine Braut zum Eröffnungstanz. Bis früh um vier hielt er auf der Feier durch.« Merkwürdig, dass selbst eine sonst seriöse Wochenzeitung aus allen Rohren schießt wie die Boulevardpresse. Kurzatmig und tapfer bis zur ausgezehrten Rhetorik des Krieges.

Unter den Stellenanzeigen derselben Ausgabe finde ich eine Ausschreibung für einen »Narrative Journalist (m/w)«, der von einer Gesundheitsorganisation für Menschen mit Behinderung durch Gelenkserkrankungen gesucht wird: »Neben Ihrem großen natürlichen Talent beherrschen Sie die Grundsätze der authentischen Story-Dramaturgie. Sie besitzen einen Sinn für bewegende Schicksale und persönliches Heldentum.« Das ist es: persönliches Heldentum!

Die Geschichten darüber, auch wenn sie von Krankheit oder Behinderung handeln, folgen einem ehernen Gesetz: Entweder sie enden mit dem Tod oder mit der Aussöhnung. Dazwischen gibt es nichts. Ich will mich in Zukunft daran halten.

Tapferkeit gehört Kranken und Sterbenden. Mut hingegen ist vital und strotzt nur so von Draufgängertum. Der Tapfere steht dem Unmöglichen gegenüber, der Mutige dem Unwahrscheinlichen. Der tapfere Ritter kämpft seine Turniere im Wissen, dass er die Angebetete damit nie erobern wird, der Mutige entführt sie. Krankheiten sind solche stolzen, eigensinnigen Prinzessinnen: Er hat tapfer bis zum letzten Tag gegen sie gekämpft, liest man in Todesanzeigen manchmal. Dabei müsste es doch eigentlich heißen: um sie gekämpft.

Das Bedürfnis nach Helden ist groß. Aber nicht alle Behinderten sind für die Rolle geeignet. Am besten noch verletzte Soldaten und Hochleistungssportler. Trotzdem besteht auch gegenüber allen anderen Kranken und Behinderten die Erwartung, tapfer zu sein, zäh. Sich nicht aufzugeben. Sobald man dieser nur halbwegs nachkommt, bekommt man zur Belohnung das Bundesverdienstkreuz. Auch nicht schlecht.

21. September

Ich habe mir das Ganze noch einmal überlegt. Das Verdienstkreuz möchte ich nicht für meine Behinderung bekommen. Nicht dafür, dass ich etwas *nicht* kann. Es wird hoffentlich bald einen besseren Anlass geben.

22. September

Im Abflugterminal des Flughafens von Lanzarote pickt mich eine Stewardess auf, als ich etwas hilflos auf die Krücken gestützt darauf warte, dass Julia uns eincheckt. Ob ich ein Handicap hätte. Ich nicke. Lächelnd schwebt sie davon. Fünf Minuten später schiebt sie einen Rollstuhl heran. Schwarz, neu, mit chromglänzenden Speichen, so stellt sie ihn vor mich hin. Alles organisiert, ich brauche nur einzusteigen. Um sie nicht zu enttäuschen, setze ich mich hinein, obwohl die Wege durchaus zu bewältigen wären. Sie schiebt mich an der Schlange vorbei bis an den Schalter. Es ist ein unangenehmes Gefühl, wie auf einer Bühne. Nur habe ich meinen Text vergessen. Vergeblich suche ich auf der Lehne nach dem Knopf, mit dem man sich unsichtbar machen kann. Aber ich wurde schon entdeckt. Mit entwaffnender Offenheit erkundigen sich zwei Damen aus dem Ruhrpott nach dem Grund meiner Behinderung. Obwohl ich noch nicht einmal geradeaus rollen kann, soll ich bereits Auskunft geben über die Behinderten-Infrastruktur der Insel. Doch ich bin ohnehin nur Statist, sie wissen nämlich bereits alles von Onkel Hugo, der wegen seiner Hüfte ... überall abgesenkte Bürgersteige, ihnen bräuchte ich nichts zu erzählen ... ganz Lanzarote ein Paradies für Behinderte.

Selber rollen ist auch nicht nötig, denn zwei stämmige Sanitäter übernehmen mich. Von der Statur her könnten sie auch Flugzeugmonteure sein, mit ihren quietschorangen Anzügen auch Müllfahrer. Eins von beidem sind sie bestimmt, nur keine Sanitäter, wie die großen Buchstaben auf ihrem Rücken glauben machen wollen.

Sie winken meiner zögernden Freundin, ihnen zu folgen, und schieben mich durch den Sperrgepäck-Zugang zum Gate. Dort bedanke ich mich höflich und möchte aufstehen, doch der eine drückt mich mit der Hand zurück auf den Sitz. »No, no.« Mir wird wieder einmal beigebracht, dass Behinderung den Verlust von Autonomie bedeutet. Sie ist chronische, multiple Hilfsbedürftigkeit. Ich ergebe mich.

Sie schieben mich durch eine versteckte Tür über eine gewundene Rampe nach unten in eine Halle, in der das Gepäck von den Förderbändern auf Wagen geladen wird. Wieder bleiben sie stehen, dann geht es weiter, endlich ins Freie, vor den Bus, der die Passagiere zum Flugzeug bringt. Schließlich ist meine Rollstuhljungfernfahrt mit Sanitätern vorbei. Doch wieder heißt es: »No, no!« Diesmal noch bestimmter. Allmählich frage ich mich, ob der Rollstuhl der Behinderte ist und ich nur dessen sperriges Gepäck.

Ein riesiger, grauer Laster rangiert rückwärts neben den Bus. Mein Verdacht bestätigt sich: Der ist für mich gedacht. Das Behindertsein ist mir eine Nummer zu groß. Das Monstrum ist für Liegendtransporte ausgelegt, im sterilen Innenraum könnte man auch eine Herztransplantation vornehmen. Ich werde festgeschnallt. Während meine beiden Helfer die Hubbühne herunterfahren, wird klar, dass sie sich darüber freuen, endlich ihre Gerätschaften ausführen zu können. Alles glänzt nur so vor Sauberkeit, sie müssen das Gefährt stundenlang gewienert haben.

Julia ist inzwischen drei Zentimeter kleiner und hält meinen Rucksack an sich gepresst. Wir rasen mit Notfallgeschwindigkeit zum Flugzeug. Die Treppe ist schon herangefahren. Endlich hat die Komödie ein Ende. Aber statt zu der Gangway zu fahren, umkreist der Laster das Flugzeug. Die Stewardess wuchtet von innen die Beifahrertür auf. Zu viel der Ehre! Ich bin doch nur ein ganz kleines bisschen behindert.

Ich werde auf die Hubbühne geschoben und ruckelnd nach oben transportiert. Konsequenterweise müssten sie mich noch zu meinem Platz tragen und festschnallen. Aber nichts dergleichen. Ihre Mission ist beendet. Sie sehen zu, wie ich in das Flugzeug stolpere, und fahren ihre Höllenmaschine zurück, bereit für den nächsten Einsatz. Hoffentlich habe ich nichts falsch gemacht.

23. September

Meine Briefmarkensammlung.

... als chronisch gelten langwierige und schwer heilbare Krankheiten. Schätzungen des Bundesverbands zufolge sind rund 16 Millionen Menschen davon betroffen ...

... vier Millionen mit Gelenkserkrankung ...

... In Deutschland leben etwa 145.000 blinde und ca. eine halbe Million sehbehinderte Menschen ...

... 450.000 mit einer geistigen Behinderung ...

... leben ca. 80.000 Gehörlose. Nach Angaben des Deutschen Schwerhörigenbundes gibt es ca. 16 Millionen Schwerhörige ...

... unwillkürlicher Urinverlust ist eine häufige Erkrankung, unter der in Deutschland etwa sechs bis acht Millionen Frauen und Männer leiden ...

... Rund 80.000 Querschnittgelähmte gibt es in Deutschland, jährlich kommen (insbesondere unfallbedingt) geschätzte 1.000 bis 1.500 dazu ...

... schätzt, dass vier Millionen Deutsche von einer Depression betroffen sind ...

... zwei Millionen Pflegebedürftige ...

... bei zwei Millionen Frauen und einer Million Männern ist die Osteoporose durch Knochenbruchsgefahr ...

... Eine Million Alzheimerkranke sind ...

... werden in Deutschland jedes Jahr rund 700.000 Patienten entweder ambulant oder stationär psychotherapeutisch behandelt ...

... 41 Millionen Brillen- und 2,4 Millionen Kontaktlinsenträger ...

... Nach aktuellen Schätzungen gibt es 4,3 Millionen alkoholabhängige Menschen ...

... 3,5 Millionen Impotente (geschätzt) ... geht man von bis zu 12 Millionen Impotenten aus ...

... dem Ergebnis des Mikrozensus lebten im Jahr 2005 in der Bundesrepublik Deutschland 8,6 Millionen amtlich anerkannte behinderte Menschen ...

Sammlung abgebrochen.

24. September

Zählt man die Behinderungen in Deutschland zusammen, betrachtet die Seh- und Hörschäden (von denen nur ein Bruchteil durch ein Hilfsmittel ausgeglichen wird), die Einschränkungen der Mobilität, die verheimlichten Inkontinenzen und addiert die achtkommasechs Millionen amtlich beglaubigten Behinderungen aus meiner Briefmarkensammlung dazu, kommt man zum Ergebnis: Es gibt genauso viele Behinderungen wie Einwohner. (Nicht dazugezählt: die mit selbst errichteten Hindernissen, die durch das soziale Netz Gefallenen, die Pflegebedürftigen und durch Gips und Schwangerschaft vorübergehend Behinderten ...)

Wo seid ihr? Ich sehe euch nicht.

Wenn das stimmt, müsste ich selbst hier im Café fündig werden. Ich beginne also eine Behinderungszählung.

Als Erstes fällt mir eine Fliege auf, die schief die Wand neben dem Küchenaufzug rauf- und runterkrabbelt. Neben mir, der Mann mit dem schütteren Haar, trägt eine getönte Brille, die mehr einem Vergrößerungsglas gleicht. Der zählt auf alle Fälle. Überhaupt die Brillenträger, von zehn Gästen haben vier eine auf. Die anderen tragen wohl Kontaktlinsen. Ein resolutes Rentnerehepaar kommt herein, sie bahnt den Weg, er humpelt ihr hinterher. Schräg gegenüber hält einer der Gesprächspartner den Kopf leicht schief, wie Schwerhörige das gerne tun.

Ohne mich nur vom Platz zu bewegen, erkläre ich ein Drittel der Gäste zu Behinderten, das Café zum Behindertencafé und die Fliege zu unserer Betreuerin.

25. September

Im ›Loretta‹ komme ich mit einem evangelischen Theologen ins Gespräch, der neben mir an der Bar sitzt. Ich erzähle ihm von meinen Schwierigkeiten mit dem Bibeltext von der Heilung des Gelähmten. Er versucht, mir den »Tun-Ergehens-Zusammenhang« zu erklären. Ein Begriff, der für Theologen von zentraler Wichtigkeit zu sein scheint, da er ihn selbst in angetrunkenem Zustand flüssig über die Lippen bringt. Wenn ich ihn richtig verstehe, läuft es darauf hinaus, dass es kein Ergehen, keinen Zustand gibt, der nicht auf einer vorherigen Tat fußt. Zur Bestätigung des Gesagten umklammert er sein Cocktailglas.

Wir plaudern ein bisschen über Behinderungen, ich sage eben mein Sprüchlein auf, dass doch eigentlich jeder eine oder mehrere Behinderungen in seinem Leben hat, da unterbricht er mich:

»Das gehört zwar jetzt nicht hierher, aber ich werde bald vierzig und hatte in meinem Leben noch nie eine richtige Beziehung.« Verblüfft sehe ich ihn an. »Und ich halte es nicht mehr aus, wenn man zu mir sagt ›Die Richtige wird schon kommen‹. Sie kommt einfach nicht.«

Dann sprechen wir weiter über Behinderungen.

26. September

In diesem Sommer fuhren sonderbar viele meiner Freunde nach Südamerika. Hätte sich so ergeben, sagten sie und zuckten mit den Schultern. Mein Adriaurlaub im Juni wirkte verdächtig, wie eine innereuropäische Trotzhandlung. Und Lanzarote drei Monate später konnte es auch nicht herausreißen. Für einen weiteren Kurzurlaub habe ich mir ein noch unspektakuläreres Ziel ausgesucht: Ich möchte den Ammersee mit dem Roller umrunden. Ohne Reservekanister, immerhin. Vor zwei Jahren hätte ich bei der Idee müde gelächelt. Vor zwei Jahren habe ich aber auch nicht gewusst, dass selbst das Überqueren einer Münchner Straßenkreuzung so gefährlich sein kann wie ein Vorort von Rio im Taxi.

Bis zum See brauche ich allein drei Stunden. Angekommen fühle ich mich wie nach einem Ritt durch den Mittleren Westen. Nach weiteren drei Stunden bin ich an der Südspitze angelangt. Dort gibt es eine Stelle, an der man nackt baden kann. Genau vor einem Jahr war ich bereits hier, ohne Stock, bei meinem letzten Versuch, selbst Auto zu fahren. Dass ich die Pedale nicht mehr traf und zweimal statt der Bremse nur die Kupplung erwischte, verschwieg ich der Besitzerin lieber. Wenige Monate später fuhr ein anderer Behinderter, ein älterer Herr mit einer empfindlichen Sehschwäche, das Auto zu Schrott.

Die Stimme meiner Schwester meldet sich ungefragt in mir: Spinnst du? Bei der Kälte geht kein Hund ins Wasser und erst recht nicht einer, dem bei plötzlichen Temperaturunterschieden die Nerven verrückt spielen. – Diese Stimme ist seit Monaten immer da, wenn ich meinen Willen durchsetzen möchte. Ich drücke sie auf lautlos und ziehe mich aus.

Am Ufer liegt schlafend nur eine massige, blonde und unbekleidete Frau, wie vom Sommer vergessen, und streckt ihren mächtigen Busen in den Schleierwolkenhimmel. Zum Baden ist das Wasser in der Tat zu kalt. Aber da ich mir beweisen möchte, dass ich trotz fortgeschrittener Behinderung durchaus dazu fähig bin, ist die Wassertemperatur nicht ausschlaggebend. Ich stakse über die glitschigen Steine in den See. Den Holzstock lasse ich in Ufernähe treiben. Ein paar Minuten später robbe ich mich zurück, allein: der Stock ist weg. Ich weiß nicht, wie ich ohne ihn aus dem Wasser kommen soll. Nur ist Drinbleiben auch keine Alternative. Fünf Meter vor mir nur die dösende Frau. Wenn ein nackter Mann sie nun aufweckt und bibbernd bittet, ihm aus dem Wasser zu helfen, weil er seinen Stock nicht mehr findet, muss sie das zu Recht für eine schmierige Anmache halten.

Auf allen vieren robbe ich an ihr vorbei ins Gebüsch (auch nicht gerade unverdächtig) und stütze mich bei der weiteren Suche nach dem Stock auf einen zweieinhalb Meter langen Ast. Die Blondine sieht mich einmal missbilligend an und dreht sich auf die andere Seite, während ich am Ufer auf und ab stolpere. Mein Stock bleibt verschwunden.

Ich weiß nicht mehr, wem ich was beweisen wollte mit der Aktion. Diesmal war das Wasser nicht herrlich, sondern nur kalt. Hoffentlich komme ich irgendwie zu meinem Roller zurück.

27. September

In einer Patientenbroschüre mit Fotos von selig lächelnden Models auf Schaukeln oder verliebt lächelnd über Befunde gebeugt, finde ich eine Auflistung typischer psychischer Begleitsymptome: »*Überkompensation*: Betroffene wollen sich mit aller Gewalt beweisen, dass ihre Leistungsfähigkeit nicht eingeschränkt ist. Sie begeben sich bewusst in gefährliche und belastende Situationen.« Zur Illustration hätte der Redakteur ein Bild von mir abdrucken sollen, nackt am Ufer des Ammersees vor der Blondine im flachen Wasser liegend.

Es ist eine beunruhigende und gleichermaßen beruhigende Erkenntnis, dass man auch in Momenten der Rebellion, des Aufbäumens, der Verzweiflung nicht aus der Norm fällt. Besonders bei psychischen Anomalien soll ja bereits das Benennen der Auffälligkeit heilsam sein. Kein Psychologe wäre über mein Verhalten erstaunt. Auf meine Karteikarte würde er »Überkompensation« kritzeln, und selbst mein sonderbares Badeverhalten hätte einen Namen.

Im Impressum der Patientenbroschüre findet sich noch der wunderbare Satz: »Die abgebildeten Personen haben in keiner Weise etwas mit der Krankheit zu tun.«

Wie schön für sie.

28. September

Vor dem Schlachthof bleibe ich liegen. Es ist wohl besser, ich sage meinem Vater nicht, dass die Lampe, die an meinem Roller anzeigt, dass man tanken müsste, kaputt ist. Wie gut, dass er gerade in der Stadt ist, so brauche ich die fünfhundert Meter zur Tankstelle nicht zu trampen.

Trotz meiner Erleichterung über sein Erscheinen mit Benzinkanister mache ich wohl einen besonders hilflosen Eindruck, denn er sagt:

»Wenn es irgendetwas nützen würde, würde ich auch das Haus verkaufen.«

Ich zucke zusammen. Er kann doch nicht bei vollem Bewusstsein den Ort meiner Kindheit aufgeben und meiner Mutter mit ihrer Neigung zu Erkältungen zumuten, unter einer Isarbrücke zu hausen, nur weil ich nicht mehr laufen kann!

Auch seine Tränen, als er mich nach der Diagnose vom Krankenhaus abholte, kamen mir übertrieben vor. »Lass mal«, sagte ich und stieg mühsam ein. Lass mal. Erst nach Monaten verstand ich seine Verzweiflung über den nun behinderten Sohn. Ich brauchte selbst viel länger, um Mitleid mit mir zu entwickeln. Vor zwanzig Jahren, als ich die Nachricht vom Selbstmord eines Freundes wiederholte, die man mir am Telefon ins Ohr geflüstert hatte, war es ebenfalls mein Vater, der mit einem Schmerzensschrei als Erster reagierte.

Der Schutzschild des Schocks, der mich einen Sommer lang unverwundbar für die Zukunft machte, half meinen Eltern nicht. Seitdem fühlen sie sich für mein Schicksal auf eine irrationale Weise verantwortlich. Die Griechen glaubten an Flüche, die sich über Generationen weitertragen und ganze Dynastien auslöschen konnten. Das Christentum führte die Erbsünde ein, und heute nennt sich das Ganze »Genetik«. Die Idee dahinter ist immer dieselbe. Der Glaube an die Vererbbarkeit des Leids ist unverrückbar stark. Nun muss man ihn nicht einmal mehr unterdrücken, weil er sich im Labor nachweisen lässt.

Ausdrücklich habe ich meinen Eltern verboten, an so etwas wie eigene Schuld auch nur zu denken. Selbst wenn es »die Gene« sind, für die können sie auch nichts. Doch ihr Verhalten gibt Anlass zur Sorge, dass sie sich hinter meinem Rücken nicht an das Verbot halten.

29. September

Das Sanitätshaus ist funktional eingerichtet im Stil eines Kolonialwarenladens. Jeder Quadratzentimeter ist genutzt für Stöcke, Bandagen, Prothesen, Inkontinenzartikel ... Es gibt eine unglaubliche Palette an Hilfsmitteln. Wer sie alle kennt, muss viel über die Zerbrechlichkeit des Körpers wissen. Aber warum sind die Dinge so unattraktiv? Um zu demonstrieren, dass sie allesamt nur unter Zwang benutzt werden?

Kein Glamour, nirgends. Obwohl sich dieser Laden für keine einzige seiner Waren genieren müsste. Das lässt sich von dem Einrichtungshaus auf der anderen Straßenseite nicht behaupten.

Ich beobachte einen Verkäufer, der einem Mann einen Rollstuhl anbietet, in den dieser wegen seiner Fettleibigkeit kaum hineinpasst. Der klobige Thron steht dem Mann. Wie ich wohl darin aussähe? Aber mir würde der Verkäufer wahrscheinlich eines der sportlichen Modelle vor die Nase schieben, probieren Sie doch den mal, der sieht pfiffig aus. Aber ich bin kein Sportler, Signalfarben fand ich immer schon abstoßend.

Dabei geht es auch anders. Hörgeräte verändern sich, Brillen unterliegen schon seit dreißig Jahren dem Diktat der Mode, und dank der vielfach beschworenen demographischen Veränderung gibt es jetzt die erste Firma, die Designer-Rollstühle herstellt.

Die billigen Gehstöcke stehen in der zweiten Reihe. Hinter denen mit Metalleinlagen und den ausziehbaren. Wer von den Stockbenutzern wächst noch, oder geht es ums Schrumpfen? Ich lasse mir jedenfalls wieder das Kassenmodell für zehn Euro zurechtsägen.

Nach jedem Besuch des Sanitätshauses muss ich ganz dringend in mein Stammcafé.

30. September

»Warum bist du nicht früher zum Arzt gegangen? Da hätte man doch etwas tun können, verhindern, dass es so schlimm wird.«

Christian hat immer Recht in Krankheitsangelegenheiten. Er ist ein vernünftiger Mensch. Er lebt in Maßen gesund, geht ins Fitness-Studio, wenn es ihm gut geht, und zum Arzt, wenn es ihm schlecht geht.

Ich schüttele unwillig den Kopf. Nichts wäre zu verhindern gewesen. Oder doch? Die einzig ehrliche Antwort wäre: Darum, weil ich noch nicht so weit war, bin ich nicht zum Arzt gegangen. Auch das Abschiednehmen von der Normalität braucht seine Zeit. Und Sterben und Krankwerden kommen immer zur Unzeit. Ich habe diese sechs

Monate gebraucht, um mein Leben als Gesunder abzuschließen und es halbwegs geordnet zu übergeben: von Stuttgart nach München umziehen unter größten Strapazen, meinen Arbeitsplatz auf Teilzeit reduzieren, einige mir ans Herz gewachsene Projekte abschließen, meinen ersten Gedichtband bei Lesungen vorstellen ... All dies im unbewusst bewussten Wissen, dass sich mein Leben grundsätzlich ändern würde, von heut auf morgen, wenn ich erst zum Arzt ginge. Aber das zählt aus medizinischer Sicht nicht viel. Christian und ein paar andere können das nicht verstehen. Die vielen Lügen, die mich das Verdrängen gekostet hat, das Theaterspiel, den Verschleiß von Kraft verschweige ich besser.

Natürlich, rückblickend hätte ich schon zum Arzt gehen können, als ich mich zum ersten Mal gefragt habe, wie es die Kollegen schaffen, die Treppen so schnell hinunterzulaufen. Oder spätestens ein paar Wochen später, als ich voller Panik erwachte, weil sich ein Tier auf meinen Brustkorb gesetzt hatte, eine Ratte wahrscheinlich, die ich aufschreckend aus dem Bett warf. Ich schaltete das Licht ein und machte mich auf die Suche nach dem Biest. Erfolglos, obwohl ich sogar ein Stück Käse auslegte, das am nächsten Morgen unberührt dalag. In der nächsten Nacht bekam ich sie endlich zu fassen, denn sie war unter meine Bettdecke gekrochen, während ich schlief. Nur war es keine Ratte. Fest umklammert hielt ich meine linke Hand, kalt wie Stein. Sie gehörte nicht zu mir, die Verbindung war vollständig getrennt. Als Andenken an diese Alpträume blieben zwei Finger fühllos und gelähmt. Nun hätte ich zum Arzt gehen können. Um ihm zu erzählen, dass ich in einem Horrorfilm mitgespielt hatte? Der ich seit zehn Jahren keinen einzigen Tag krank gewesen war. Ich kam nicht einmal auf den Gedanken, vermied in den nächsten Monaten zu schreiben, denn nicht einmal meine Unterschrift gelang so, dass ich mich damit hätte ausweisen können. Ich tippte mit einer Hand und redete mir ein, dass so eine Lähmung schon einmal vorkommen könnte, zumal es von Tag zu Tag ein bisschen besser wurde.

Natürlich hätte ich zum Arzt gehen können, als es mir nicht mehr gelang, mehr als zwanzig Meter zu joggen, jede Stufe zum Hindernis wurde. Aber ich lebte in dem Wahn, dass alles vorübergehen würde, wenn ich nur mehr Sport machte. Jeden Tag erhöhte ich das Pensum an Liegestützen und Kniebeugen, vermied Treffen in der Natur und log besorgten Kollegen vor, ich hätte mich beim Radfahren übernommen. Natürlich hätte ich merken müssen, dass nichts mehr stimmt, wenn man sich immer wieder in die Hose macht, auf dem Nachhauseweg, nach dem Ausgehen oder auf dem Bahnsteig. Doch ich wollte eben noch dieses fertig machen und ein Seminar geben und jenen Termin durchstehen und jenes Treffen wahrnehmen und noch einmal nach Tübingen und dann noch ... – Irgendwann, Ende April, rief ich meine Schwester an, deutete nur an, wie es mir ging, und ließ mich am nächsten Tag willig wie ein Opferlamm zu einer Ärztin führen, die mich sofort ins Krankenhaus einwies.

3. Mai, im Jahr zuvor

Bevor sie mich riefen, stand ich eine halbe Stunde am offenen Fenster. Draußen ist es wärmer als im fünften Stock des klimatisierten Gebäudes. Im Innenhof ist zwischen mächtigen Kastanien ein Schachbrett ins Pflaster einge-

lassen. Auf den Bänken daneben hocken zwei Männer und blasen den Zigarettenrauch mit in den Nacken gelegten Köpfen in den blauen Himmel.

Wir haben an einem runden Tisch in einem Erker Platz genommen. Über uns rattern in Schachteln verpackte Dokumente durch unsichtbare Rohre. Direkt über dem Tisch verzweigen sie sich offenbar, denn dort ruckeln die Botschaften einige Sekunden auf der Stelle, bis eine geheimnisvolle Kraft sie in die richtige Richtung schickt.

Ich überlege, ob ich die Datei mit dem ersten Kapitel des Romans gespeichert habe, während wir Banalitäten austauschen. Den Laptop habe ich jedenfalls noch schnell unter die Bettdecke geschoben, auch wenn der alte Mann in meinem Zimmer nicht den Eindruck macht, sich für irgendetwas außer Essen und Schlafen zu begeistern.

Die junge Frau mir gegenüber hat sich zurückgelehnt und streicht sich über ihren gewölbten Bauch. Sie sieht erschöpft aus, dieses Gespräch noch und sie kann nach Hause. Zu ihrer Linken sitzt ihr Vorgesetzter, ein Mann in den besten Jahren. Bei ihm stimmt es. Grau meliert, hellwach. Neben mir meine Schwester. Mit der Nervosität einer Angehörigen und der Wachsamkeit der Krankenschwester.

Die verschlossene Tür neben mir führt ins Schlaf-Zentrum. Auf einem mit Tesa-Film befestigten Zettel wird um absolute Ruhe gebeten. Heute Morgen hat mir vor dieser Tür ein junger Mann flüsternd erzählt, dass er schon zwölf Mal am Kopf operiert wurde und mit radioaktivem Material behandelt wird, weil er sich vor fünf Jahren mit einer Schrotflinte in den Kopf geschossen hat. Stolz berichtet er mir, was sie in Zukunft alles mit ihm vorhätten.

Der Mann mit den grauen Schläfen entrollt einen Packen schwarzer Folien und breitet sie vor uns auf dem

Tisch aus. An den hellgrauen Rändern schimmert die Holzmaserung durch. Auf den Folien erkennt man Querschnitte meines Gehirns. Ich möchte es nicht sehen, es ist mir unangenehm, mich auf diesem Landhaustisch mit den gedrechselten Beinen liegen zu sehen. Die weißen Flecken jedoch erkennt man, auch wenn man den Blick nur einmal der Höflichkeit halber über die Aufnahmen streichen lässt. Die schwangere Stationsärztin schweigt und sieht aus dem Fenster. Am liebsten würde ich vorschlagen, ein bisschen Musik zu hören. Christian hat mir eine Aufnahme aller Mozart-Klavierkonzerte vorbeigebracht. Wir könnten uns nett unterhalten, über irgendetwas. Die Stationsärztin und ich sind ungefähr gleich alt. Bestimmt haben wir gemeinsame Bekannte. München ist klein. Gehst du auch gerne ins ›Stadtcafé‹?

Mein einziges Ziel ist, aus diesem Krankenhaus herauszukommen, nicht noch eine schlaflose Nacht neben dem schnaubenden, stinkenden und genesungsfaulen Schlaganfallpatienten zubringen zu müssen. Dass er nicht einmal heuchelt, wieder gesund werden zu wollen, ärgert mich. Für eine Entlassung wäre ich zu allem bereit. Bereit, jede Diagnose zu unterschreiben, alles zu versprechen. Alles zu akzeptieren. Man könnte einige Zusatzuntersuchungen vornehmen, meint der Oberarzt. Nein, nein, gar nicht nötig, ich glaube ihm doch. Nur weg hier. Seit meiner Geburt habe ich nie länger als ein paar Stunden in einem Krankenhaus zugebracht. Außerdem beschäftigt mich seit meiner Einlieferung nur eines: mein Roman. Hoffentlich habe ich die Datei abgespeichert.

Warum schaut meine Schwester wie bei einer Beerdigung? – Da ich spüre, dass man von mir einen verständigen Patienten erwartet, stelle ich höflich ein paar Nach-

fragen, nicht dass sie mich wegen psychischer Labilität eine weitere Nacht zur Beobachtung dabehalten: Was sind das denn für Entzündungen? Ist das wirklich unheilbar? Mein Interesse ist geheuchelt. Ich habe durchaus verstanden, dass es sich um etwas Lebenslängliches handelt. Also werde ich genug Zeit haben, um mich damit auseinanderzusetzen, später. Wenn der Roman fertig ist. Wieder poltert es über uns, doch diese Botschaft betrifft nicht mich. Ich bin fertig.

»Kann ich jetzt gehen?«

Die schwangere Ärztin lächelt mich an und nickt. »Ja, Sie können gehen.«

Ich habe gewonnen, für heute.

OKTOBER

Was Sie brauchen, sind unbefangene Menschen:
Menschen, die die Sprache zum Ausplaudern,
nicht aber zum Kaschieren der Dinge haben.

THEODOR FONTANE, CÉCILE

1. Oktober

SMS-Umfrage unter Freunden: Für wie groß haltet Ihr meine Behinderung im Vergleich mit einem Tier von Maus bis Elefant? Vielen Dank. Euer Max

Julia (I): Max, war bei diesen Tier- und Pflanzenassoziationsfragen schon immer fantasielos bzw. konnte in diesen Kategorien nie denken. Mir fällt höchstens das Wort Klammeraffe ein. Das passt für meine Begriffe ganz gut, und die Größe von dem Vieh ist eigentlich ziemlich egal. (Aber ich verehre dich wie einen Mammutelefanten.)

Veronika: ein schwan! lbg v

Mark O.: Deine Behinderung kommt mir vor wie ein Schäferhund, mit dem du stets Gassi gehen musst.

Christian: Lieber Max, wir haben sofort an ein Rhinozeros gedacht. Schön groß, gut gepanzert, wehrhaft, reizbar und ansonsten friedlicher Vegetarier ... – Ich: Danke. Aber du meinst schon die Behinderung und nicht mich? – Christian: die behinderung ist wie der panzer und das horn mit dir verbunden

Sandra: Unbeantwortbare Frage – entschuldige, aber das geht gar nicht. Was du für Ideen hast ...

Friedrich: Lieber Max, bin nicht sicher, ob ich Dich recht verstehe. Würde aber dennoch sagen: Dromedar. Oder Nashorn. Liebe Grüße Friedrich

Thorsten: Dann ist das wohl ein reh, vielleicht noch ein rehkitz, um den grad der tapferkeit zu erhöhen

Tamara: Weiß nich. Groß. Sonst: Chamäleon. Reizvoll und eklig, Katze, lässt sich nicht betreuen

Dominik: Hey Max, wollt mich auch melden. Zu Deiner Frage. Bedeutet MAUS = kleines Wehwechen und ELEFANT = große Behinderung oder stark? Dann bist du ein ZEBRA. LG Dominik

Meine Schwester: So groß wie ein Tiger und so lästig wie eine Bremse

Axel: Behinderung: hyänengroß. Krankheit: Flusspferdgröße

Julia (II): Denke immer noch nach. Die Behinderung ist manchmal größer als du und dann auch wieder kleiner. Habe beides erlebt. Wer richtet sich nach wem? Wer zähmt wen? (und: wird man irgendwann eins?) Die Krankheit ist so groß wie ein Alp. Kann man den vermessen? Nein, er ist alles u nichts. Gruß, Deine J.

2. Oktober

Gegen den Nieselregen vor dem Fenster denke ich an den glücklichsten Sommer meines Lebens. Julia reagierte mit Unglauben, als ich ihr gestand, dass der erste mit Behinderung der schönste war, bisher. Mit der Entlassung aus dem Krankenhaus begann es: behütet und unter einer alles dämpfenden Medikamentenglocke, alles aufregend neu und von der Last der Verstellung befreit. Der Zwang, alle über meinen Zustand anzuschwindeln, war endlich weg. Stattdessen bekam ich Geschenke, weil ich nicht mehr gehen konnte. Verrückte Welt, noch ein paar Wochen zuvor hieß es: Du läufst so merkwürdig. Doch kaum hatte die Sache einen Namen bekommen, war alles anders. Obwohl es nicht stimmte, sagten dieselben Freunde nun: »Es sieht schon wieder viel besser aus, wie du gehst.«

Meine Einschränkungen verschwanden nicht wie prophezeit, aber es ging besser von Tag zu Tag. Mein Vater schenkte mir einen Roller, von dem ich nur zweimal herunterfiel, ohne jemandem etwas davon zu sagen. Einige würden mir sowieso gern den Führerschein abnehmen, wenn sie könnten. Ihnen darf man nicht in die Hände spielen.

Beschäftigt ganz mit der verlangsamten Gegenwart, der Zartheit der Freunde, der beeindruckenden Hilfsbereitschaft meiner Kollegen, der Welle des Verständnisses und der Arbeit an meinem Roman, verging der Sommer. Bis zum Herbst war jeder Tag erfüllt, beglückt, bis das Gehen wieder schwerer fiel und der Behinderungsalltag Einzug hielt. Nun, das ist mehr als ein Jahr her.

Die Zeit, die ist ein sonderbar Ding …

»Wie lange weißt du es schon?«, ist für viele Außenstehende von entscheidender Bedeutung. Es wirkt scheinbar beruhigend und weniger verstörend, wenn der Betroffene genug Zeit hatte, »damit klarzukommen«. Würde man antworten: Du, ich habe das vor zehn Minuten erfahren, wäre das Erschrecken über den genau gleichen Sachverhalt viel größer. Der Schnee vergangener Jahre ist für immer geschmolzen. Der Umgang mit Behinderungen folgt augenscheinlich den üblichen Verarbeitungsprozessen des

Menschen. Trauerarbeit über den allmählichen Verlust der körperlichen Unversehrtheit.

Nach zehn Jahren vergesse ich manchmal, dass ich auch eine nicht unerhebliche Sehbehinderung habe, ausgelöst durch eine chronische Netzhautentzündung, ein Vorbote des jetzigen Übels. Manche Absonderlichkeiten – Blitze, Ödeme auf der Netzhaut, Glaskörpertrübungen – sind mir so selbstverständlich, dass ich sie nur von Zeit zu Zeit wahrnehme. Die kürzlich hinzugekommenen Einschränkungen kommen mir einschneidender vor als die schlechte Sicht, wahrscheinlich deshalb, weil sie sich noch nicht ins Bewusstsein gebrannt haben.

Auch mit der Möglichkeit des Erblindens habe ich mich damals nie so intensiv auseinandergesetzt wie momentan mit einem Leben im Rollstuhl. Ich kann mir das nicht anders erklären, als dass ich mit Anfang zwanzig noch nicht bereit war für ein Dasein als Behinderter.

Dominik hat unsere Krankheit weit aus der Lebensbahn getragen, viel weiter als mich: Als Krankenpfleger kann er nicht mehr arbeiten und die ausschweifenden Nachtschwärmer-Jahre gehören, obwohl er erst dreißig ist, mit einem Schlag der Vergangenheit an. Beängstigend oft sagt er: »Ich habe nicht mehr viel Zeit.«

Er ruft mich aus dem Krankenhaus an. Es hat ihn mal wieder erwischt. Wir tauschen beiläufig unsere neuesten Symptome aus. Eigentlich will er mir nur schnell das mit dem Zebra erklären. So ein Zebra, berlinert er los, sticht wegen seines Aussehens deutlich heraus aus den Savannentieren. Es ist kräftig, aber wenn es Schwäche zeigt, wird es schnell zum Gejagten und von seinen Artgenossen verstoßen. Dominik ist sich nicht mehr sicher, ob das stimmt, aber glaubt, etwas in der Richtung in einer Tiersendung gehört zu haben. Dann müssen wir Schluss machen, denn er bekommt die nächste Infusion.

3. Oktober

Zum Tag der deutschen Einheit lerne ich die letzten beiden Strophen des Gedichtes »Letzter Zweck aller Krüppeley« von der Heiligen Maria Kreszentia Höß auswendig, das Achim von Arnim und Clemens Brentano in ihre Volksliedsammlung aufgenommen haben. Ich sage es auf, während die letzten Besoffenen vom Oktoberfest am Gartenzaun vorbeitorkeln.

Ich muß es bekennen,
Gott hobelt mich sehr,
Er schneidt mich, er haut mich,
Doch fällt mirs nicht schwer,
Willst wissen warum?
Ich halte dafür,
Gott wollt ja gern schnitzeln,
Ein' Engel aus mir.

Es kränket mich gar nicht,
Daß ein Krüppel ich bin,
Wer weiß ob nicht eben
Ein Glücksstern darin.
Gott ist ja so gar sehr
In die Krüpplein verliebt,
Weil er für sich selbsten
Sein Kurzweil drin übt.

4. Oktober

Drei Tage später trudelt von Harald eine Mail zu meiner SMS-Umfrage nach der Behinderungsgröße ein:

»Lieber Max, mit der Frage tue ich mich recht schwer. Ich bin medizinische Skalen gewohnt; der Proband erledigt eine Aufgabe, einen Test, und das Ergebnis kann man dann in Punkten von meinetwegen 1 bis 10 auf einer Skala eintragen. Im Grunde ist dann eine 1 die Maus und eine 10 der Elefant. Ich habe dich aber noch nie eine Teststrecke gehen lassen, um dann den Grad deiner Behinderung messen zu können. Und ich kenne auch nicht viele Behinderte, mit denen ich dich auch ohne Teststrecke in eine Beziehung setzen könnte. Ich könnte alles antworten, ich könnte aus der Maus einen Elefanten machen, oder aber etwas schönreden. Ich könnte nur das Ausmaß, in dem deine Behinderung unsere Zusammentreffen behindert, angeben. Dafür hätte ich ein Gefühl entwickelt. Aber danach fragst du nicht.

Am Telefon habe ich nicht genau verstanden, ob wir zu zweit oder mit deiner Schwester ins Theater gehen. Ich frage auch wegen des Einkaufs. Kaufe ich für zwei Personen ... Fisch? Oh je, Fisch. Ich habe erst einmal in meinem Leben Fisch gemacht. Ganze Fische mit Kopf und Schwanz sind mir suspekt. Also, wie groß muss der Fisch sein, eher wie eine Maus oder wie ein Elefant? Lieber Gruß Harald«

5. Oktober

Meine Schwester hat mir aus der Staatsbibliothek einen Stapel Bücher über Behinderung mitgebracht. Ein Reflex aus Studienzeiten zwingt mich zu dieser Recherche. (Ich gestehe: Es ist kein Reflex, sondern meine ehemalige Germanistikprofessorin, die mich dazu erzogen hat, erst einmal die entsprechende Literatur zu sichten.)

Es gibt gleich zwei Disziplinen, die sich mit dem Thema abmühen. Die eine, recht deutsch und mit Wurzeln in der Soziologie und Pädagogik, formierte sich in den Siebzigern, »Behindertenpädagogik« oder »Soziologie der Behinderung« steht an den Institutstüren. Die andere, coolere Zunft heißt »disability studies« und begreift sich lieber als interdisziplinäre Kulturwissenschaft.

Ich beginne mit den Soziologen: Die meisten Werke sind schon ein bisschen angegammelt, das säurehaltige Papier riecht muffig. Während des Studiums ging man mit einem Rucksack voller solcher Bücher erst einmal Kaffee trinken. Doch diesmal interessieren sie mich wirklich.

Meine Schwester runzelt die Stirn und legt den umfangreichsten Band zurück auf den Stapel.

»Warum liest du so etwas?« Ihre Stimme klingt, als handelte es sich dabei um eine pseudowissenschaftliche Geschichte der Kinderpornographie.

Es ist doch wohl mein gutes Recht als Behinderter, Gescheites über mich zu lesen. Doch schon beim Überfliegen des Inhaltsverzeichnisses schwirrt mir der Kopf.

»Ich weiß auch nicht warum.«

Nachdem sie gegangen ist, setze ich mich mit den Büchern an den Schreibtisch und blättere sie, eines nach dem anderen, durch. Bis zur Erschöpfung arbeiten sich die Autoren an ihrem Thema ab. Sie leiden alle an Definitionitis, wie fast alle Sozialwissenschaftler, die sich mit Minderheiten beschäftigen. Ein gefährlicher Virus, der üblicherweise sprachliche Krämpfe auslöst. Beim Versuch einer

Beschreibung kommen dann Überschriften heraus wie: »Der Versuch einer Auflösung von Behinderung im Diskurs der Integrationspädagogik«.

Ganz ohne Spott dauern mich diese Anstrengungen, denn um Betroffenen Hilfestellungen (und -leistungen) zu geben, muss man sie notgedrungen zunächst identifizieren und beschreiben. Als Betroffener hingegen kann ich mir das Recht herausnehmen, mich selbst ohne Umschweife für behindert zu erklären. Von anderen erwarte selbstverständlich auch ich, dass halbwegs objektive Maßstäbe angelegt werden.

Erschwert wird die Definierungsaufgabe dadurch, dass die meisten Menschen mit unsichtbaren Behinderungen damit seltener hausieren gehen als ich. Während diejenigen mit offensichtlichen, meist angeborenen Einschränkungen sich vehement gegen jede Form der Stigmatisierung wehren. Und doch soll *eine* Definition allen gerecht werden. Dass das nicht funktionieren kann, liegt auf der Hand. Allein die Auflistung der vielen tausend Symptome, die einer Behinderung zu Grunde liegen können, füllt mehrere hundert Seiten. Erschwerend kommt dazu, dass die Behinderungstheoretiker den verzeihlichen Wunsch verspüren, den diskriminierenden Begriff lieber gleich als später über Bord zu werfen. Aber dummerweise ist er ihr Forschungsgegenstand.

Was also ist Behinderung? Wer ein Behinderter? Zunächst ist da ein psychisch oder körperlich geschädigter, beeinträchtigter, irgendwie nicht normaler Mensch. (Erste Anzeichen der Definitionitis auch bei mir: Es fällt mir schwer, das Wort »normal« ohne Anführungszeichen zu verwenden ...) Behindert sein heißt eben auch: betroffen sein. Und die Betroffenen wissen zwar alles über ihre eigene Behinderung, aber wenig über sich als Behinderte in der Gesellschaft. Diejenigen, die ohne Beeinträchtigung durchs Leben gehen, sehen Behinderte immer nur mit ihren nicht-behinderten Augen; ihre Sichtweise pendelt zwischen Verdrängen und Mitleid. Es braucht konsequenterweise einen unabhängigen Sachwalter, den Wissenschaftler, um beide Blicke einzufangen.

Die Definition im Sozialgesetzbuch versucht den Spagat, zwei der drei Positionen zusammenzubringen, indem sie Behinderung im sozialen Kontext verankert: Behindert ist man erst dann, wenn man von der Teilhabe am gesellschaftlichen Leben dauerhaft ausgeschlossen oder zumindest massiv eingeschränkt ist, und nicht, weil man körperlich eingeschränkt ist. Dies bildet nur die Voraussetzung für die gesellschaftliche Behinderung. Trotz dieses ausgeweiteten Ansatzes findet die Einordnung als Schwerbehinderter ausschließlich nach körperlichen Kriterien statt. Die Sachbearbeiterin im Versorgungsamt wird mich nicht fragen, welche gesellschaftliche Teilhabe mir nun verwehrt ist. Zu Recht interessiert das niemanden außerhalb meines Freundeskreises.

Doch trotz aller Mühen und Fußnoten-Kapriolen: Für alle Beteiligten ist es Gewinn bringend, dass die Wissenschaftler sich nicht beirren lassen, sondern weiter publizieren, diskutieren, verwerfen und von Neuem ansetzen, das Unsägliche sagbar zu machen. Mehr noch. Eine aufgeklärte Gesellschaft muss sie sich leisten, mit allen akademischen Schrullen und Eitelkeiten. Sie versorgen das Gespräch mit Anregungen und bewahren vor dem Schweigen, das nach dem Tod die größte Behinderung ist.

Dennoch reicht es mir jetzt. Ich klappe den letzten Band zu und staple die Bücher akkurat aufeinander. Nun muss ich mich dringend darum kümmern, wie ich an Essen komme. Selbst einzukaufen schaffe ich dieser Tage nicht. Und ich muss jemanden bitten, den Bücherstapel zurück in die Bibliothek zu bringen.

6. Oktober

Vor drei Jahren bin ich im Winter ganz ohne Gepäck für zwei Wochen nach Andalusien gefahren. Noch am Flughafen empfand ich ein unglaublich befreiendes Gefühl, bis ich auf der Alhambra in Granada ohne Mantel unsäglich zu frieren begann. Meine Freunde hielten es für eine meiner verrückten Ideen. Rückblickend betrachtet war es eine Übung in Verzicht. Sich mit möglichst wenig zu belasten, schwerelos zu machen. Fast alles kann man abwerfen, nur um den Körper kommt man nicht herum.

Die Bücher über Behinderung kommen in eine Kiste und diese vorübergehend auf den Balkon.

7. Oktober

Wenn ich ans Sterben denke, und es gibt Tage, an denen ich das unablässig mache, lässt mir eines keine Ruhe: Dass ich, tot, nur noch Ballast für andere bin. Tot sein ist auf die Spitze getriebene Behinderung. Schon jetzt empfinde ich mich anderen gegenüber als Belastung. (Ich weiß, das will niemand hören.) Wie ein Stapel ungelesener Bücher. Irgendwo werde ich also irgendwann tot herumliegen. Um Leichen haben sich selbst die verbrecherischsten Gesellschaften gekümmert.

Aber es ist ja nicht der Tod, sondern das Sterben, vor dem man Angst hat. Allerdings verliert auch das mit einer Behinderung seinen außergewöhnlichen Charakter. Sich an die Idee zu gewöhnen, Hilfsmittel zu benutzen oder Hilfe in Anspruch zu nehmen, ein Pflegefall zu werden, ist wie sterben auf Raten. Man kann sich an den Gedanken gewöhnen, ihn klein denken, bis er das Monströse verliert. So könnte es gelingen, ein Leben ohne Angst vor dem Ende. Inzwischen rechne ich bei allen Umzugsfantasien einen Rollstuhl mit dazu, er ist mit dabei, ohne dass es ihn gibt, wie das Sterbenmüssen. Nur das Dreirad, das mir meine Schwester schmackhaft machen will, lehne ich weiter ab.

Während ich nicht weiß, wohin mit meiner Leiche, erzählt ein rastagelockter Jüngling der nur mäßig interessierten Kellnerin im ›Loretta‹, dass es im Pazifik eine Insel aus zusammengeschwemmtem Plastiktreibgut gibt, »so groß wie Europa« – zumindest so groß, dass man sie vom All aus sieht. Selbst bei Google Earth wurde sie herausretuschiert von irgendwelchen Bösewichtern, die das Müll-Atlantis ganz für sich haben wollen ...

»Krass«, sagt die Kellnerin.

8. Oktober

Mit Tieren konnte ich bislang nichts anfangen. Doch seit ich viel Zeit zu Hause verbringe, freue ich mich über die Gartenmitbenutzer wie über gute Freunde: Die leicht psychotische Maus, die unter der Treppe wohnt, der Igel, das Eichhörnchen. Richtig entzückt war ich, als die Maus nach Monaten endlich realisiert hatte, dass es in der Küche genug zu essen gibt. Als ich das hocherfreut einem Bekannten am Telefon erzählte, rief der nur aus: »Wie unhygienisch!« – Der Mensch ist mir seitdem verleidet.

Diese Persönlichkeitsveränderung, die Lust an der Rührung bei schlechten Filmen, auch die Milde, die ich anderen – Gott sein Dank nicht immer! – gegenüber entwickle, erschreckt mich zutiefst. Auch dass ich Passanten, die manchmal nur fünf, sechs Jahre jünger sind als ich, mit diesem »Ach, die unbeschwerte Jugend!«-Lächeln nachblicke, ist Besorgnis erregend. Ich will meine frühere Härte zurück, aber ich habe sie nicht mehr, und wenn, dann nur in der Haltung gegen mich selbst. Ich fürchte mich, sonst auch den letzten Rest Achtung vor mir zu verlieren. Verfluchte Krankheit.

Wahrscheinlich finden Julia und andere Frauen einen im eigenen Porzellanladen herumpolternden Mammutelefanten auch noch interessant und irgendwie süß.

9. Oktober

Meine Krankengymnastin fragt mich aus dem Hinterhalt, ob ich nicht eine Hippotherapie machen wollte. (Max D. auf einem Pferd – meine Freunde könnten sich das Lachen nicht verkneifen.) Ich will ihr die schroffe Ablehnung nicht erklären. Hoffentlich bringt sie das nächste Mal keine Prospekte mit. Es wäre mir wirklich peinlich, wenn jemand so etwas bei mir fände. Weit ist es in zwei Jahren mit mir gekommen. Werde ich von außen als noch behinderter wahrgenommen, als ich mich selbst fühle?

Schreibt man seine Behinderung in den Lebenslauf? Hinter »ledig« und »keine Kinder«? – Irgendwie passt das nicht zu den sonstigen Erfolgsmeldungen: Einserabitur, Stipendium, berufliche Karriere.

Für einen erfolgreich Behinderten heule ich zu oft. Unlängst habe ich mich dabei im Spiegel beobachtet: Es sah nicht gut aus.

Bin ich nun erfolgreich behindert oder eher behindert erfolgreich?

10. Oktober

»Sie sind nicht mehr so belastbar wie früher. Das werden Sie sicher genauso sehen. Sie müssen sich schonen, in Zukunft mehr auf sich selbst achten. Dabei wollen wir Sie unterstützen.«

Ich nicke. Mein Vorgesetzter atmet erleichtert auf. Irgendwann musste dieses Gespräch geführt werden. Würde ich ihn jetzt um eine Gehaltserhöhung bitten, würde ich alles bekommen. Doch so gerissen bin ich nicht. Vielmehr versuche ich den Groll auf mich selbst herunterzuschlucken und das Schuldgefühl, dass ich mit meinen körperlichen Kapriolen diesen Termin notwendig mache. Es passt mir nicht, dass meine »Karriere«, ein schwieriger Begriff, festgefroren ist. Dass ich dankbar sein kann und will, solange sie zumindest stagniert.

Ich muss meine Maßstäbe von Erfolg im Beruf neu definieren. An Gehalt und Dienstwagen werde ich mich nicht mehr messen können, und auch ich werde in neuen Kategorien beurteilt: Wie oft fällt er aus, was erledigt er »trotzdem«? – Ich bin vogelfrei.

Es begann damit, dass ich nicht mehr für die Ergebnisse meiner Arbeit gelobt wurde, sondern dafür, dass ich überhaupt zum Arbeiten kam. Die zweite Veränderung war, dass die Spitzen von meinem Kollegen aufhörten, ganz plötzlich. In der üblichen Abwehrhaltung wartete ich während der ersten gemeinsamen Sitzung vergeblich darauf, meine Enttäuschung ließ sich kaum verbergen.

Um irgendetwas werde ich betrogen, ich weiß nur nicht genau, um was. Und vor allem nicht, von wem. Es fühlt sich an wie im Sportunterricht auf der kalten, unbequemen Holzbank, wenn man als Letzter in die Volleyballmannschaft gewählt wurde.

11. Oktober

Maria, meine beste Freundin aus Schulzeiten, wurde am Knie operiert. Nichts Großes, irgendetwas musste weg, was dort nicht hingehörte. Nach drei Tagen sehen wir uns, sie hat das Bein zum Begutachten auf einen Stuhl gelegt. Ich inspiziere zunächst ihre Krücken, ein leichtes Modell, strahlend silbern mit lindgrünen Griffen. Fachmännisch wiege ich sie in den Händen: das stoffelige Verhalten eines Mannes, der statt einer Frau aus dem Auto zu helfen, zunächst einen Blick in den Motor wirft.

Maria klagt, dass sie nun schon eine ganze Woche nicht normal laufen kann und sich nur mühsam herantastet an den Normalzustand. Dabei hatte man ihr versprochen, dass alles drei Tage nach der Operation wieder in Ordnung wäre. Ich schaue sie mit großen Augen an, neidisch wie auf jemanden, der sich im grauen November auf die Kanaren verabschiedet. Auf die Idee, ihr mein Mitleid auszusprechen, komme ich nicht einmal, sondern wünsche ihr nur, diese Tage des Humpelns zu genießen. Wie herrlich muss es sich anfühlen, heute die Treppe noch nicht gehen zu können, aber zu wissen, dass es morgen klappen könnte. Sie sieht mich verwundert an.

Wir sind beide über mein mangelndes Einfühlungsvermögen irritiert. Ich bemerke, dass in meinem Wortschatz nicht einmal mehr ein »Wird schon« vorkommt. Wann ist mir das Ziel, wieder ganz gesund werden zu wollen, aus dem Bewusstsein gerutscht?

Manchmal bleibe ich vor Freitreppen stehen und beobachte Passanten, die diese »einfach so« heruntergehen, manche laufen fast, manche sogar schräg. Frauen, die mit hohen Absätzen herunterstöckeln, kommen mir vor wie Hochseilakrobaten. Am liebsten würde ich applaudieren, wenn sie unten sind.

12. Oktober

Beunruhigt von dem Treffen mit Maria möchte ich Freunde animieren, mir ihre Krankheiten nicht zu verschweigen. Also starte ich einen Rundruf, um scheinheilig zu fragen: »Geht es dir gut, irgendwelche Beschwerden?«

Selbst wenn es sich nur um grippale Infekte handelt, bin ich voll bei der Sache, um mich selbst in Anteilnahme zu trainieren und um ihnen die Scheu zu nehmen, dass man mir nur noch mit Lebensbedrohlichem kommen dürfte. Die ersten Erfolge sind vielversprechend.

Julia: Bauchschmerzen wegen der Menge unerledigter Arbeit.

Harald: Migräne wegen der nervigen Kollegin. »Diese Frau bringt mich ins Grab.«

Christian: Weiß auch nicht genau, was los ist, aber irgendetwas kribbelt im rechten Arm, Verdacht auf Herzinfarkt oder Schlimmeres ...

Nach dem dritten Anruf merke ich dennoch, dass es mir schwerfällt, Schnupfenmitleid zu heucheln, eigentlich unmöglich, dabei glaubhaft zu bleiben. Für beide Seiten. Wenn man sich selbst nur an Sonn- und Feiertagen Mitleid gestattet, darf man es sich werktags nicht für andere erlauben.

Manchmal, wenn Freunde über der Organisation ihrer Geburtstagsparty fast zusammenbrechen, frage ich mich, wie sie einen Tag in meinem Körper überstehen würden. Wenn alles, aber auch wirklich alles bedacht sein will und im Endergebnis dann doch nur Improvisation ist.

Man sollte viel mehr Behinderte für den Katastrophenschutz engagieren. Jemand im Rollstuhl hat ein ganz gutes Gespür für das Alltägliche des Dramas. Das meine ich ernst.

13. Oktober

Der Abgrund zwischen Körper und Geist offenbart sich erst bei einer Störung des fragilen Gleichgewichts zwischen den beiden. Ich hatte mich auf der Schwelle zum Erwachsenenleben leidlich arrangiert, als zum ersten Mal Meinungsverschiedenheiten zwischen Wollen und Können auftraten. Für ein paar Jahre hatte ich mich der Illusion hingegeben, wir würden am selben Strang ziehen, ein Wille, ein Tun. – In der Gewissheit, dass am Ende der Körper als Erster aufgeben wird. Mit der Augenkrankheit machte sich die Erkenntnis breit, dass selbst die Sinne physiologischen Prozessen unterworfen sind. Man riecht, schmeckt, hört und sieht nicht ohne stofflichen Aufwand. Der Grundsatz »Ich gebe dir Nahrung, Bewegung und alles, was du brauchst, und du folgst mir« galt nicht mehr.

Die Beschränkungen, die die Welt manchmal so unerträglich machen, rücken mit den Jahren näher und näher, greifen auf den eigenen Körper über und nisten sich dort ein. Der Sklave revoltiert und setzt sich trotzig als König ein. Das Ich mault, bettelt und intrigiert und muss sich doch den neuen Herrschaftsverhältnissen unterordnen.

Oft frage ich mich, ob ich nicht besser aufhören soll zu fordern, was ich nicht bekomme, oder ob das bedeuten würde, kampflos aufzugeben. Bei jedem Spaziergang habe ich drei Möglichkeiten, auf meinen streikenden Körper zu reagieren: vernünftig mit meinen Kräften umzugehen (Modell Christian), unter Einsatz von Willen bis an die Grenze des Möglichen zu gehen und vielleicht ein paar Schritte darüber hinaus (Modell Max) oder gar nichts zu wollen, sondern treuherzig allen Zeichen des Körpers zu folgen (Modell Buddha).

Der Rilke-Weg bei Triest schlängelt sich am Steilufer über mehrere Kilometer bis zum Duineser Schloss. Das Panorama wechselt dauernd, aber erst nach einem guten Stück Wegs bekommt man angeblich einen wunderbaren Blick auf das Schloss. Schon am Parkplatz ist Julia und mir klar, dass ich unmöglich alles schaffe. Offen ist die Frage, ob ich so weit komme, das Schloss zu sehen.

Wie weit tragen die drei Haltungen?

Modell Christian: Nach ein paar Metern erkenne ich, dass der Boden voller Felsbrocken ist und dass der Weg zunächst unabsehbar lang am Zaun eines hässlichen Campingplatzes entlangführen wird. Ich beschließe, dass es unvernünftig ist, ihn weiterzugehen, kehre nach zwanzig Metern um, wir setzen uns ins Auto und fahren zum Schloss. Ergebnis: Nichts gewagt, nichts verloren. Die Stimmung im Auto ist gedrückt, Julia und mir wird meine Behinderung wieder einmal überdeutlich.

Modell Max: Ich laufe los, viel zu schnell, freue mich vor jeder Biegung und bin danach enttäuscht, dass das Schloss wieder nicht zu sehen ist. Dabei verdränge ich erfolgreich, dass ich den ganzen Weg auch wieder zurück muss. Irgendwann kann ich nicht mehr. Das Schloss habe ich natürlich nicht gesehen, aber ganz dicht daran war ich. Der Rückweg ist eine einzige gefährliche Qual, mehrere Male stolpere ich und muss mich am Zaun des Campingplatzes festklammern. Julia betrachtet mich mit größter Sorge und leidet mehr noch als ich an meinem Scheitern, für das sie sich auf groteske Weise schuldig fühlt.

Modell Buddha: Wir laufen los, ohne auf das Schloss zu achten, sondern genießen die würzige Pininenluft. Nach zweihundert Metern beginnt der rechte Fuß nachzuziehen. Ich raste ein wenig, gehe fünfzig Meter weiter und kehre nach einer weiteren Pause um, in der Julia weiterläuft, um herauszufinden, dass man das Schloss eigentlich erst sieht, wenn man direkt davor steht. Sie kommt zurück und berichtet. Wir lächeln uns an.

In Wirklichkeit hat selbstverständlich das Prinzip Max gesiegt. Während ich mir die beiden Alternativmodelle überlegte, hoffte ich noch, dass es im Vergleich als Sieger hervorgehen würde. Mir passt nicht, dass Buddha immer Recht hat. Mir passt nicht, dass mein Körper seine Herrschaft nur mit mir zu teilen bereit ist, wenn er genauso viel zu sagen hat wie ich. Mir passt vieles nicht. Vor allem regt mich das weise Lächeln anderer Buddhisten auf.

14. Oktober

Seit dem Beginn meiner Krankheit überfliege ich die regelmäßig erscheinenden Artikel über die neuesten Entdeckungen der Gehirnforschung mit geheucheltem Interesse und heimlicher Missgunst. Immer kommen sie mir mit ihren sensationellen Entdeckungen, aber mich wieder zum Laufen zu bringen gelingt ihnen nicht.

Alle Beiträge sind mit Fotos von aus einer Röhre lugenden Beinen illustriert. Neben dem Wunderwerk der Technik stehen Damen und Herren in weißen Kitteln mit dem Gesichtsausdruck der Flugpioniere zu Beginn des letzten Jahrhunderts. Sie sind die Helden unserer Tage. Auf keine andere Forschungsdisziplin richten sich solche Heilserwartungen: Gesundheit und Glück liegen in der Röhre.

Neben den Füßen werden bunte Gehirnscherenschnitte in aussagekräftigen Farben gezeigt: rot, gelb, grün. Sie fordern Bewunderung ein wie Bilder an den Wänden von Kindergärten. Sinn ergeben sie für den Außenstehenden keinen, und ästhetisch überzeugen sie auch nicht.

In keinem Artikel fehlt der Hinweis auf die Anschaffungskosten der Röhre. Ein solches Wunderwerk muss zwangsläufig astronomische Summen verschlingen, um glaubhaft zu wirken. Auch auf die Patienten wirkt das Wissen disziplinierend, dass ihr Aufenthalt im Elektro-Sarg mehrere tausend Euro kostet.

Zum ersten Mal lag ich vor zehn Jahren am Abend der Wiedereröffnung des Prinzregententheaters in so einer Seziermaschine, nur ein paar hundert Meter entfernt in einer luxuriös eingerichteten Bogenhausener Praxis. Leer bis auf die Ärztin und mich. Während Tristan und Isolde bei der Wagner-Premiere versanken, ertranken, unbewusst, hämmerte mir der kalte Presslufthammerrhythmus in den Ohren. Es war die beste Aufführung des Musikdramas, die ich erlebt habe. Da ich so viele Proben besucht hatte, sah ich in der Röhre liegend das Stück und wusste mich dabei durchleuchtet. Etwas davon muss auf den Aufnahmen zu sehen sein, doch die Ärztin interessierte sich nur für die Sorte Entzündungen, die in ihren Büchern beschrieben wird.

Die Wissenschaft sei ganz dicht dran an der Entschlüsselung der Gefühle, behaupten die Artikelschreiber. Obwohl ihre Erklärungen immer knapp daneben treffen, wenn sie beispielsweise versuchen, die Liebe zu erklären. Ich bleibe bei Tristan und Isolde.

Gehirnforschern traue ich schon deshalb nicht so recht über den Weg, weil sie mir ein bisschen zu viel versprechen. Die weißen Flecken auf den Scherenschnitten meines Kopfes geben meiner Krankheit zwar einen Namen, ordnen sie ein, geben einen Hinweis, wie man ihr medikamentös begegnet. Sie erklären mir nichts. Auch wenn ich mir die Bilder meines von Terroranschlägen verwüsteten Kopfes übers Bett hängen würde.

Die Aufnahmen möchte ich nicht in meiner Wohnung haben, doch der Neurologe wollte sie auch nicht. Nun liegen sie im Keller meiner Eltern zwischen den Spielsachen und Gedichtbänden aus längst vergangenen Zeiten.

15. Oktober

Vor einem Jahr, frisch diagnostiziert, hatte ich mich mehr zufällig in einem Behinderten-Landschulheim am Ammersee eingemietet, unweit der Stelle, an der mir später mein Stock abhanden kommen sollte. Ich wollte dort an meinem Roman arbeiten. Im Internet war das Heim angepriesen als Hort der Begegnung von Behinderten und Nicht-Behinderten. Die einzigen sichtbaren Nicht-Behinderten waren dann aber die Dame an der Rezeption sowie Eltern und Betreuer.

Schon am nächsten Morgen habe ich die knallbunte Kindergartenatmosphäre mit dem Desinfektionsgeruch auf den Gängen nicht mehr ausgehalten. Nicht die notdürftig übertünchte Krankenhauskühle, nicht den aufgekratzten Jugendherbergscharme.

»Ihnen ist es wohl zu quirlig bei uns, um zu schreiben«, wollte mir die Rezeptionsdame eine Brücke bauen, um meiner überstürzten Abreise einen halbwegs höflichen Anstrich zu geben. Sie zwinkerte mir zu. Ich bräuchte nicht zuzugeben, dass ich die geballte Ansammlung von Behinderten nicht ertrüge ... Aber das war es nicht.

Ich habe sie angeschaut. Zum ersten Mal im Leben nicht verschämt den Blick abgewandt von dem gleichaltrigen Mann mit dem Sauerstoffgerät, der mit seinen Eltern hier Urlaub machte, nicht von den kreischenden Frauen Anfang zwanzig mit Down-Syndrom, nicht von dem hyperaktiven Zappelphilipp im Rollstuhl. Nein, nur dass sie und ich in ein Umfeld geraten sind, wo das gut Gemeinte das gut Gemachte ersetzt, hat mich so aufgeregt. Deswegen reiste ich ab.

Ist das wahr? – Ich weiß es nicht, vielleicht hatte ich auch einfach nur Angst.

»Warum tust du dir das an?«, hatte meine Schwester wieder einmal gefragt.

Das zweite Mal bin ich bei einem Kurzfilmfestival auf eine größere Anzahl Behinderter getroffen. Ich saß hinter einem gigantischen und mit Aufklebern beklebten Elektrorollstuhl, neben ihm ein ungepflegter Zivi. Danach stieß ich ein paar Stoßgebete aus: Bitte mach, lieber Gott, dass ich nie so stinke. Bitte mach, lieber Gott, dass ich nie einen so stinkenden Helfer habe.

Die Auflistung des statistischen Bundesamtes weist das Stinken – »belästigende oder abstoßende Absonderung oder Gerüche« – als eigenständige Behinderung aus zwischen dem »Verlust einer Brust oder beider Brüste« und »Kleinwuchs«.

16. Oktober

Die größte Herausforderung ist, mit Behinderung authentisch zu bleiben, man selbst. Als ob es ohne nicht schon schwierig genug gewesen wäre. Beschränkungen, wohin man blickt. Ein von Jahr zu Jahr schwerer werdender Rucksack voller Erinnerungen, prägender Erlebnisse. Von der Geburt an ging es darum, zwischen Anpassung und Ausbruch einen eigenen Weg zu finden. Das gelang mal besser, mal schlechter. Mit welchen Menschen man sich umgibt, wie und wo und was man arbeitet. Vieles war Zufall, aber einiges doch auch meine Entscheidung. All dies war ich.

Und nun kommt dazu noch eine Behinderung, die sich nicht um mich schert und auch nicht zu mir passt. Es sind gezielte Schüsse von Heckenschützen auf mein Leben. Auf meine Person. Eine Ungeheuerlichkeit. Nichts davon beflügelt, treibt weiter. Eine Behinderung hebelt aus. Vor drei Jahren war ich jedes Wochenende unterwegs, dieses Jahr dreimal. Bin genervt.

17. Oktober

Meine Behinderten-Nummer beim Zentrum Bayern Familie und Soziales habe ich nun in einem Schreiben zugesandt bekommen. »Gemäß § 33 Abs. 4 Sozialgesetzbuch erstellen wir diese Mitteilung mit Hilfe automatischer Einrichtungen ohne Unterschrift.« – Als wäre das Amt ebenfalls behindert und auf Hilfsmittel angewiesen. Da haben sich ja die Richtigen gefunden.

18. Oktober

Der evangelische Theologe, den ich vor ein paar Wochen kennen gelernt habe, hat mir Kommentare zu der Bibelstelle herauskopiert, die mich seit September nicht mehr loslässt. Die Heilung des Gelähmten mit der merkwürdigen Verzahnung von Sünde und Behinderung. Ich habe ihn zum Tee eingeladen in der Hoffnung, er brächte den Schlüssel zu dem sperrigen Text mit. Doch schnell merke ich, dass auch er keinen Zugang findet, sich aber wortreich hinter dem Unverständnis anderer verstecken kann. Historisch-kritische Exegese nennt sich das Verfahren.

Fest steht für die Exegeten, dass der Text Brüche hat, vielleicht sogar aus zwei ineinander geschobenen Geschichten besteht. Dass die Heilung des Gelähmten und die Auseinandersetzung, ob Jesus Sünden vergeben darf, überhaupt nicht zusammengehören oder vielleicht doch. Ich beobachte den Theologen, wie er auf meinem Schaukelstuhl vor und zurück wippt, vor sich zwei aufgeschlagene Bibeln. Für einen Moment komme ich mir schäbig vor. Dass ich ihn so zappeln lasse, nur weil ich keinen

Trost in einer eigentlich schönen Geschichte finde. Weil sie mich kalt lässt und abstößt. Ich verhalte mich wie das Publikum um Jesus und den Gelähmten, das ein Wunder erwartet. Zeuge sein bedeutet, immer auch ein Stück weit mitgeheilt zu werden.

Der Theologe fühlt sich in die Ecke gedrängt. Je länger er spricht, desto mehr bekomme ich den Eindruck, dass der Text nur zur Bestätigung dessen dient, was man auch ohne ihn zu glauben meint. Jede davon abweichende Lektüre steht unter Blasphemieverdacht. Doch seine Ratlosigkeit macht den Mann sympathisch.

Als Lektor bleibe ich dabei: So einen Text würde ich keinem Autor durchgehen lassen. Brüche hin oder her. Der Theologe würde gerne das Thema wechseln, aber erst möchte ich meine Fragen stellen: Wie sind die vier Männer mit dem Gelähmten überhaupt aufs Dach gekommen? Antwort: Angeblich hatten die Häuser zu der Zeit Außentreppen. Aber aus eigener Erfahrung weiß ich, dass es ganz schön abenteuerlich sein kann, einen Gelähmten eine schmale Treppe hochzuhieven. Was treibt sie an, wollen sie im Rampenlicht stehen? Sind es Freunde, Verwandte oder Nachbarn des Gelähmten? Sind sie es leid, ihn pflegen zu müssen? Und schließlich: Was passiert nach dem Abzug der Schaulustigen mit dem abgedeckten Dach? Keine Antwort. – Ich kann mir nicht vorstellen, dass die Hausbewohner es wagen, das heilige Loch nach dem Abzug der begeisterten Menge wieder zu flicken. Sind sie klug, machen sie eine Wallfahrtsstätte daraus und entschädigen sich durch horrend hohe Eintrittsgelder.

Wahrscheinlich ist das der heimliche Sinn der Geschichte: aufmerksam zu werden für die Kollateralschäden von Behinderung.

19. Oktober

Christian sagt:

»Du gehörst in eine Spezialklinik. Hast du dich endlich dort gemeldet?«

Ich schüttle verneinend den Kopf. Seit Monaten bedrängt er mich, eine Kur zu machen, mich medikamentös einzustellen, mich durchchecken zu lassen, all das. – Zumindest fühle ich mich bedrängt.

Christian ist Preuße, auch was Krankheiten betrifft: Motiviert auf der Suche nach dem besten Spezialisten (eine Koryphäe auf seinem Gebiet), der neuesten Behandlungsmethode (in den Vereinigten Staaten ...) und einer Studie (beim nächstgelegenen Max-Planck-Institut). Er gäbe einen besseren Patienten ab, gepflegt, informiert. Und vernünftig. Aber man kann sich nicht verstellen, auch nicht mit einer unheilbaren Krankheit, ich bin chaotisch, sprunghaft und ein Spieler. Und das bleibe ich auch als Behinderter, so lang ich kann. Also habe ich den Arzt gewechselt, weg von dem mir zu ähnlichen Professor Doktor Doktor hin zu einem, der vielleicht nicht auf Kongressen glänzt, aber mir guttut in seiner Strenge. Ich brauche eher einen Feldwebel als einen Mediziner.

Zu Christian sage ich:

»Ich habe ein ganzes Leben vor mir für die Spezialisten und Spezialkliniken und Kuraufenthalte. Man muss sich auch noch etwas für später aufheben.« Und sage nicht: Nicht, dass es am Ende gar nichts mehr gibt, worauf ich hoffen könnte.

Obwohl niemand auf der Welt weiß, wie meinesgleichen nun zu helfen ist, haben doch alle eine überraschend gefestigte Meinung von dem, was richtig ist und was nicht.

Ernährung, Verhalten, Einstellung – bald erstreckten sich die Vorschläge auf alle Aspekte des Lebens. Mich verblüfft das Maß an Selbstsicherheit, mit der dieses »Wissen« vorgetragen wird. Sie steht im umgekehrt proportionalen Verhältnis zur Unsicherheit der Wirkung. Alle gehen selbstverständlich von meiner Bereitschaft aus, ihnen zu glauben, und jeder weiß, was mir guttäte: Die Ärzte sind überzeugt, dass das, was statistisch vielen geholfen hat, auch mir helfen wird, Christian glaubt an Medikamente, Julia an den Wunderheiler, der ihrer Tante geholfen hat. Und ich mache es nicht anders. Mindestens zwei Drittel der Vorschläge lehne ich vehement ab, ohne sie ausprobiert zu haben, mit der dürftigen Begründung: Ich weiß selbst, was mir guttut und was nicht.

Wenn ich es wüsste, hätte ich schon lange dieses buddhistische Grinsen im Gesicht.

20. Oktober

Beim Gespräch über Krankheiten geht es zu wie in der Politik, niemand hört dem anderen zu, alle beharren auf ihren Überzeugungen, und am Ende wundert man sich, dass sich trotz der vielen guten Ideen nur wenig verbessert hat.

21. Oktober

Es gehört irgendwie dazu, bei Trennung, Kündigung und Krankheit das »Positive« zu sehen. Von allen Seiten schallt einem entgegen: Es bringt dich weiter, macht dich stärker! Hurra. Ich unterstelle, dass der Rat, ausschließlich das Gute am Verlust zu sehen, im Bewusstsein gegeben wurde, dass man ihn nicht befolgen wird. Täte man es, würde es den Blick genauso verengen wie pure Verzweiflung. Man kann sich nicht alles schönreden, manchen Dingen muss man nichts abgewinnen, ich möchte sie so stehen lassen, möglichst im Regen: abstoßend, hässlich. Monströs. Abstand gewinnen und halten ist genauso wichtig für die richtige Perspektive auf die Dinge ... Redet man ein bisschen in dieser Tonlage, rudern die Ratschlagenden meistens zurück: »Ja, genau das meine ich, du sollst dich nicht unterkriegen lassen.« – Nur ist das etwas ganz anderes als *think positive.*

Jeder Mensch, dem es wirklich schlecht geht, wird dieser Ratschläge ganz schnell überdrüssig. Merkwürdigerweise sagen so etwas nur Straßenbekanntschaften. Wenn man sich besser kennt, verliert der Spruch seine Zauberkraft.

22. Oktober

In einem Schreiben teilt mir die VG Wort mit, dass mein im Mai erschienener Roman auf Grund von §45a des Urheberrechtsgesetzes behinderten Menschen zugänglich gemacht werden soll. Mein Buch, das ich völlig gehunfähig im Bett fertiggestellt habe. Die Geschichte, die ich im Krankenhausbett mit Katheter und Infusionsschläuchen fixiert begonnen und wegen eines Rückfalls wieder im Bett liegend beendet habe: Dieses Buch, das meiner Krankheit entsprungen ist, ihr im ersten Sommer meiner Behinderung abgerungen, soll nun auch anderen Behinderten zugänglich gemacht werden.

Der Brief erfüllt mich mit tiefem Stolz.

23. Oktober

Es ist eine oft formulierte These, dass die Kriegsversehrten des Zweiten Weltkriegs in den Fünfzigern aus der öffentlichen Wahrnehmung und von den Straßen verschwanden. Bisher konnte mir noch niemand beantworten, wohin sie verschwunden sind, wenn sie nicht einfach nur weggestorben sind.

Heutzutage verschwinden solche wie ich gerne ins Internet, fristen ihre Lemurenexistenz in Foren oder im Second Life. Im Internet hat man keine Behinderung und keine Krankheit, nur wenn man will. Oft hat der Tonfall der Texte in den entsprechenden Blogs und Foren etwas Schmieriges, durch und durch Selbstbezogenes. Es gibt sie für alle Krankheiten, für alle Behinderungen. Unübersehbar ist ihre Zahl. An den Portalen stehen die Betreiber(innen) wie Hafennutten und winken einen hinein. Die catwomen, die Schmetterlinge, Binchens, schon ihre Namen – meistens Frauen – klingen wie aus dem Kinderfernsehen. Am liebsten sind ihnen Neulinge, Frischerkrankte, Ängstliche.

»Bei mir kribbelt es«, schreibt eine verunsicherte Frau anonym. Sofort wird die Tröstmaschine angeworfen, mit Erfahrung gefüttert: Reg dich nicht auf, geh zum Arzt, es wird wieder, bei mir war es so und so ... – Sie sind die neuen Orakel von Delphi, raunend, unsichtbar.

Ist man dann lange genug dabei, wechselt man die Rolle vom Betroffenen zum Ratgeber und Ersatz-Heiler. Es geht zu wie in einer Freimaurer-Loge.

Oft staune ich, wie offen und wortgewandt im für jeden einsehbaren Netz Behinderte über ihre Unfähigkeit schreiben, mit anderen Menschen, oft aus der nächsten Umgebung, offen zu sprechen. Das Schweigen und Verheimlichen auf der einen Seite wird kompensiert mit einer radikalisierten Geständnisbereitschaft auf der anderen. Nur muss man im Internet nicht unterschreiben, weder mit seinem Namen noch mit seinem Körper.

Hin und wieder verbringe ich Abende in dieser Welt, getrieben von einem unstillbaren Bedürfnis nach Information. Man klickt dann schneller, als man liest, von einer Fallgeschichte zur nächsten Prognose, überall neue Forschungsansätze. Studien, die irgendwo begonnen werden oder jüngst abgeschlossen wurden. Alles verliert sich in Statistiken und verweist auf weiterführende Studien, von Link zu Link, als wären Appetitanreger darin versteckt: Wenn man einmal begonnen hat, kann man nicht mehr aufhören, aber satt wird man auch nie. Hier und dort schnappe ich ein paar Fetzen auf, neue Heilmethoden, alternative Heilmethoden, Wunderheilungen. So viel Heil und so viel Leid. Heillos. Das grenzenlose Netz tröstet durch die Austauschbarkeit der Meinungen. Zu jeder wird man auch ihr Gegenteil finden.

Am nächsten Morgen habe ich alles wieder vergessen, es bleibt nur ein trüber Bodensatz an Halbwahrheiten und Vermutungen.

24. Oktober

Als ich in die Pubertät kam, in der zweiten Hälfte der Achtziger, war die Todesstrafe auf Selbstbefriedigung bereits abgeschafft worden. Mit wohligem Gruseln wurden in den Aufklärungsbüchern dennoch die alten Märchen von den Haaren auf den Handrücken und der frühen Unfruchtbarkeit bei zu wilder Onanie – auch so ein Lieblingswort dieser Bücher – aufgewärmt, immer mit der klaren Ansage: Alles Quatsch, macht es euch, sooft ihr wollt.

Daran muss ich auf dem Heimweg nach der Konsultation eines knarzigen Urologen denken, der mich nach der Untersuchung fragte:

»Und, geht's noch?«

Worauf ich ebenso kurz angebunden antwortete. »Schon, aber ich spür halt nichts mehr dabei.«

Er verordnete mir, mich dennoch mindestens einmal in der Woche selbst zu befriedigen:

»Der Schleim muss raus, sonst verklebt's.«

Haare auf dem Handrücken wären mir lieber.

25. Oktober

Es gibt eine gar nicht so kleine Gruppe von Menschen, die Behinderungen erotisch stimulierend erleben. Auch ihre Heimat ist das Internet. Dabei gibt es nichts, was nicht in das Blickfeld der Begierde geraten könnte: Rollstühle, Windeln, Prothesen. Grundsätzlich ist jede Fixierung auf einen Teil statt auf einen ganzen Menschen eigenwillig, aber gehört wohl zum Wesen eines Fetischs.

In einem Internet-Forum stieß ich einmal auf jemanden – ich weiß nicht einmal, ob Mann oder Frau –, der (wahrscheinlich doch ein Mann) einen Querschnittsgelähmten im Rollstuhl suchte. Zu der Zeit wirklich stark im Gehen eingeschränkt schrieb ich frohgemut:

»Hallo, ich kann kaum mehr gehen, wie wär's?«

Rolli-Fan42 antwortete nur Sekunden später, dass er nur echte Querschnittslähmungen attraktiv fände, ein Rollstuhl allein wäre nicht ausreichend. Ende des Gesprächs. Ich versuche, mich in ihn hineinzuversetzen: Wenn er nicht sorgfältig auswählt, könnte am Ende noch einer mit einem simplen Bandscheibenvorfall oder Ischiasbeschwerden kommen ... Behinderte und Sex, die Zusammenstellung erweckt dieselben Assoziationen wie bei Geistlichen: Entweder, so unterstellt man, haben sie gar keinen, oder aber man hält sie für fähig, alle möglichen Sauereien zu begehen.

Als Wunschobjekt eindeutiger zu erkennen sind für die hauptsächlich männlichen Liebhaber beinamputierte Frauen. Amelotatisten heißen sie im psychotherapeutischen Fachjargon und treiben sich auch schon mal in einem Sanitätshaus mit dem Fotoapparat herum. Sie selbst nennen sich »Amp-Fans« und verfügen über ein – wie in allen Bereichen des Erotischen – ausdifferenziertes Angebot an Zeitschriften und dazu passenden Internetforen.

Ich zögere, mich damit weiter zu befassen, denn es fällt mir schwer, nicht ironisch oder irgendwie befremdet damit umzugehen, obwohl ich jeder betroffenen Frau von Herzen einen Mann gönne, der ihren verstümmelten Körper besonders erotisch findet. Also surfe ich weiter.

26. Oktober

Bei Youtube entdecke ich ein Video, das mir jede Lust am Behindertensex nimmt. Dokumentiert wird darin ein Projekt, in dem Schwerstbehinderte an die sexuelle Grundversorgung angeschlossen werden sollen. So ähnlich wird es in dem Film auch formuliert. Mehr ist nicht drin, im Budget. Man sieht also aufgeschlossene Behinderte beim Betriebsausflug (merkwürdigerweise nur Männer, vielleicht hat sich für behinderte Frauen kein professioneller Partner gefunden ...) auf dem Weg zu der Dame, die etwas körperliche Abwechslung bringen soll. Sie ist kein Krüppelluder von Seite eins sondern eine Mittvierzigerin in einem schwarzen, knöchellangen Kleid. In der letzten Einstellung vor der unvermeidlichen Wiewar's-Fragerunde sieht man sie mit stocksteifem Rücken einen viel kleineren Mann mit Down-Syndrom umarmen. Sie tun mir beide leid, und das ist wohl das der Lust feindlichste Gefühl.

Richtig ärgerlich ist an dem Video die Untermalung mit elegischem Klaviergeklimper, das auch den letzten Funken Erotik aus der Versuchsanordnung treibt. So wird das nichts. Ich schwöre mir, mich zu kastrieren, bevor ich so etwas mit mir machen lasse.

27. Oktober

In einem nicht an mich adressierten Arztbrief (warum sind die eigentlich grundsätzlich an andere Ärzte und nie an mich adressiert?) finde ich unter der Rubrik »Klinische Restsymptomatik« den wenig aufmunternden Eintrag: »depressive Symptomatik«.

Ich erschrecke. Kann man eine Depression entwickeln, ohne es zu merken? Sofort fallen mir die Geschichten von psychisch Auffälligen ein, die sich selbst für völlig normal halten. Habe ich dem Neurologen gegenüber ein paar Mal zu oft gesagt, dass alles in bester Ordnung sei?

»Doch niemand heilt durch Jammern seinen Harm«, heißt es bei Shakespeare. Diesem Motto habe ich mich bisher verschrieben, und schon gilt man als depressiv. Das habe ich nun von meinem Versuch, niemanden zu belasten.

In meinem Bekanntenkreis gibt es eine Rechtsanwältin, die seit zwei Jahren darüber klagt, dass ihr die Arbeit zu viel wird, dass sie nur noch aufsteht, arbeitet und völlig erschöpft ins Bett fällt, dass die Stapel auf ihrem Schreibtisch trotz aller Selbstaufopferung (das Wort verwendet sie natürlich nicht, sagt stattdessen: Einsatz) immer höher werden, ihr niemand danke, und alles von Jahr zu Jahr schlimmer werde. Kann man ihr das Jammern versagen? Man könnte entgegnen: Kündige doch, lass die Stapel liegen, lebe!

Man könnte, gälte aber schnell entweder als Realitätsverweigerer oder als unhöflich. Oder es hieße: »Ja, im Vergleich mit dir geht es mir natürlich gut, aber ...«

Was würde passieren, wenn ich sie alle drei Tage anriefe und ihr erzählte, wie es ist, Tag für Tag nicht aus dem Bett zu kommen, sich an der Wand entlangtastend zum nächsten Stuhl zu bewegen, seine Beine nicht mehr zu spüren und so fort? Sie würde mich schon am Beginn meiner Aufzählung voller Mitleid unterbrechen, um meinem Arzt zuzustimmen in seiner Einschätzung: »depressive Symptomatik«.

Es ist das erste Paradox des Jammerns: Jammere nur, wenn die Situation nicht ausweglos ist, ansonsten schweige für immer. Wahrscheinlich wird deswegen so viel über Beziehungen geklagt, weil es in diesen schlaffen Friedenszeiten so einfach wäre, sich zu trennen.

Und als ob es nicht paradox genug wäre: Nicht nur der Arzt, auch Freunde monieren bei mir, dass ich nicht genug jammern würde. Anscheinend schöpfe ich mein Konto nicht aus. Es würde ihnen guttun, mich ein bisschen zu trösten.

Wie man es auch macht, jammert man verkehrt.

28. Oktober

Andrea und Kai sind seit sieben Jahren zusammen, vor einem halben Jahr erhielt sie ihre, meine Diagnose. Da sie es schon lange zuvor geahnt hatte, gelang es ihr noch, eine Berufsunfähigkeitsversicherung abzuschließen. Darauf ist sie merklich stolz, als hätte sie den Teufel beim Pakt übers Ohr gehauen. Nun können die Behinderungen kommen. Und sie tun es, schleichend und hartnäckig. Zumindest finanziell fühlt sie sich gewappnet. Und ich genieße in ihren Augen nicht wegen meiner drastischeren Beeinträchtigungen Mitleid, sondern nur, weil ich keine einzige Zusatzversicherung abgeschlossen habe.

»Schön blöd.«

Beim Teetrinken erzählt sie mir mit gesenkter Stimme, dass es nicht einfach wäre, als chronisch Kranke mit einem Hypochonder zusammenzuleben. Kai spricht nicht gern mit ihr über »diese Sache«, tut so, als wäre nichts. Die ersten Monate mied er das Thema völlig.

Als er zur Tür hereinkommt, verstummen wir und wechseln mit einem feinen Lächeln im Gesicht das Thema. Kai verlässt uns sofort wieder mit einer angedeuteten Verbeugung. Wir hätten sicherlich viel zu bereden. Sobald er draußen ist, sagt Andrea:

»Sonst ist er ein lieber Kerl.«

Wie um sie zu bestätigen, bietet er an, mich mit dem Auto zum Bahnhof zu bringen. Beim Verlassen der Wohnung ertappe ich mich bei dem Versuch, ihm vorzuspielen, dass ich keine Probleme mit dem Treppensteigen hätte. Ich möchte ihre Beziehung nicht weiter gefährden. Er soll die nächste Eskalationsstufe der Behinderungen seiner Frau nicht auch noch von mir vorgeführt bekommen.

Das bleibt ihr und mein Geheimnis. Immerhin wohnen sie im dritten Stock, und er hängt an der Wohnung. Ich muss über meinen hilflosen Versuch grinsen, ihn vor seiner Zukunft zu bewahren.

Dennoch: Mir ist unwohl, ihn ausgeschlossen zu haben. Die Gespräche mit anderen Behinderten haben oft etwas Konspiratives. Ob man es will oder nicht, folgen sie einem starren Gesetz. Dessen ersten Paragraph hat Fontane wunderbar auf den Punkt gebracht: »Nichts ist langweiliger als Krankheitsgeschichten, wenn nicht zwei zusammenkommen, die sich untereinander überbieten.«

Wenn nun aber zwei einander fremde Betroffene, ob Hundehalter, Kinderwagenschieber oder gleich Erkrankte aufeinandertreffen, lässt es sich kaum vermeiden, dies Verbindende zu thematisieren. Schon oft habe ich mir vorgenommen, es nicht so weit kommen zu lassen, der Krankheit nicht diesen Raum beim Kennenlernen zuzugestehen. Aber die Schicksalsgemeinschaft schiebt sich so in den Vordergrund, dass selbst der oberflächlichste Smalltalk davon in Windeseile überrollt wird: Wie alt ist Ihrer, wie schwer ist Ihrer, wie heißt Ihrer. Es ist wie bei Hunden, die sich selbst dann beschnüffeln, wenn sie sich unerträglich hässlich finden.

29. Oktober

Oft wird mir unterstellt, ich müsse mich fragen, warum es gerade mich erwischt hat und nicht meinen Nachbarn. Es ist kein Zeichen von ausgeprägter Menschenliebe, sondern von reinem Unverständnis, wenn ich darauf nur mit den Schultern zucke. Wieso sollte ich das denken? Was steckt hinter dieser Frage? Die Idee, dass es eine bestimmte Anzahl an Krankheitsfällen gibt, die Gott, das Schicksal oder die Statistik an die Erdenbürger verteilt? Oder wieder meine Sünden?

Ich bin ich. – Das ist schon schwer genug zu ertragen. Außerdem hat die Nachbarin in der Wohnung über mir ihre eigene Behinderung.

30. Oktober

Bei einer Lesung segelt die Veranstalterin freudig strahlend auf mich zu, beim Anblick des Stocks bleibt sie jedoch stehen.

»Herzlich willkommen! Wie schön, dass Sie auch mit einer Verletzung zu uns kommen.«

Ich könnte nicken und schweigen. Aber das gilt zu Beginn der Wintersaison für viele als Einladung, mit mir über das Risiko von Skiurlauben zu sprechen. Die Wahrheit ist dem Menschen zumutbar, schrieb die Bachmann. Um das Ganze also abzukürzen, schüttle ich ihre Hand und sage: »Es ist keine Verletzung, sondern eine Behinderung.«

Ihr Lächeln erfriert. Sie presst die Lippen aufeinander und sagt nach einer langen Pause:

»Gut.«

Ohne ein weiteres Wort wendet sie sich ab und geht wie ein beleidigtes Kind. Julia und ich grinsen uns an.

Was kann ich nur tun, um mein Gegenüber nicht zu erschrecken? Die Wahrheit reißt immer einen Graben zwischen mir und dem anderen auf, sosehr ich mich auch anstrenge. Meist ist es sogar noch schlimmer, wenn ich mich um Schadensbegrenzung bemühe. Er ist viel zu breit, um darüber zu springen, selbst für Menschen mit intaktem Gleichgewichtssinn. Um wenigstens guten Willen zu demonstrieren, berichte ich bereitwillig meine Behinderungsgeschichte. Solange man dazu fähig ist, kann die Sache nicht so schlimm sein. Doch je öfter man diese erzählt, desto mehr erinnert sie an einen mittelmäßigen Witz, dem durch die vielen Wiederholungen die Pointe abhanden gekommen ist.

Vor einem Jahr war es anders. Da hatte ich noch Lust auf den Schrecken in den Augen des Gegenübers, lauerte auf eine emotionale Reaktion: die Überraschung, das Nichtglaubenwollen, die Entgeisterung. Heute sind mir Gefühlsäußerungen meistens eher lästig. Wahrscheinlich liegt es daran, dass ich mich damals noch als Kranker gefühlt habe und heute als Behinderter.

Wenn man kein Gespräch darüber führen möchte, empfiehlt es sich, das Gegenüber zu überrollen und damit mundtot zu machen. Höflich ist das nicht, aber Behinderungen sind auch nicht höflich. Es ist nicht mein Problem, wenn jemand mit meiner Behinderung ein Problem hat. Nun habe ich ein schlechtes Gewissen wegen der Veranstalterin. Hoffentlich hockt sie nicht heulend auf dem Klo.

Denn zu brüsk möchte ich auch nicht sein. Am liebsten ist mir, mein Gegenüber nimmt sich Zeit, um auf seine Art und mit seiner Sprache zu reagieren, mit Hohn auf die Krankheit, mit Mitleid, Sarkasmus, Gleichgültigkeit. Mit was auch immer. Oder sich eben einfach umzudrehen und davonzulaufen. Dennoch empfinde ich es als meine Pflicht, ihn wieder einzufangen, bevor er sich ein Leid antut. Manchmal helfen dabei Phrasen wie »Das Leben geht weiter« oder »Alles halb so schlimm«. Im Schnelldurchlauf hat das Gegenüber so die Möglichkeit, das zu erleben, was ich selbst durchlebt habe. Erstaunlicherweise kann man Gespräche über das Behindertsein recht gut lenken, mit ein wenig Erfahrung. Das funktioniert nur dann nicht, wenn das Gegenüber sich schon selbst als Experte fühlt, weil es jemanden kennt (oder jemanden kennt, der jemanden kennt). Man leiht sich dann die Krankheiten von denen kurzzeitig aus, setzt Krankheit gegen Krankheit, wie ein Schutzschild.

Am einfachsten ist es, wenn man überhaupt nicht darüber reden muss. Dann erlebt man die entspanntesten Momente. Passanten weichen mir auf der Straße aus, man hält mir die Tür auf, bietet mir einen Sitzplatz an. Ich habe keinen Anlass, mich in dieser Hinsicht über meine Mitmenschen zu beschweren. Wahrscheinlich hat das damit zu tun, dass mein Anblick keine Zumutung darstellt und ich trotz Stock kein echtes Hindernis bin. Was würde passieren, wenn ich sabberte oder mein Rollstuhl den Weg versperrte? Wenn Spasmen mir das Gesicht oder die Glieder verzerrten? Vielleicht sind die Deutschen im Großen und Ganzen aber auch einfach nur höflicher und aufmerksamer, als sie glauben.

Was ich bei aller Freundlichkeit um mich herum allerdings nicht wahrhaben will, ist, dass es auch rohe Gewalt gegen Behinderte gibt. Nicht die Eifersucht des Geißenpeters, der Klaras Rollstuhl in die Tiefe stürzt (immerhin hilft er Heidi anschließend, Klara von ihrer Behinderung zu befreien), nein, ich meine brutale, fratzenhafte, menschenverachtende, abstoßende Gewalt gegen Menschen. Weil sie behindert sind, schwächer in dem Moment. Sebastian, der von Geburt an einen schweren Herzfehler hat, erzählt mir, dass sein Auto schon mehrfach zerkratzt wurde, wenn er sich auf einen Behindertenparkplatz stellte.

Menschen mit einer nichtsichtbaren Behinderung sind genauso gefährdet, manchmal müssen sie sogar ihre Einschränkungen verteidigen. – All das passt nicht zum Wohlwollen um mich herum.

Trotz aller Anstrengung, sie zu vergessen, geht mir eine Meldung im Vermischten der Zeitung nicht aus dem Sinn: Skinheads haben einen Mann im Rollstuhl zu Tode geprügelt. In einem Nachsatz stand noch, als würde es die Tat erklären, dass er an derselben Krankheit litt wie ich. Als ich es las, krampfte sich etwas in mir zusammen.

Nach der Lesung beichtet mir Julia, dass sie bei »richtigen« Behinderten gehemmt ist, weil sie befürchtet, dass einer sich in sie verlieben könnte, wenn sie zu nett zu ihm wäre. Jeden Morgen begegnet sie beim Bäcker einer Gruppe geistig Behinderter. Einer fängt immer heftig an zu klatschen, wenn er sie sieht. Sie weiß nicht, wie sie »nein« sagen könnte, wenn sie eine weitergehende Verpflichtung eingehen würde. Deswegen erwidert sie seine Versuche, auf sich aufmerksam zu machen, nicht mehr und sieht zu Boden. Aber auch das lässt ihr keine Ruhe. Nicht nur bei ihm leidet sie unter dem Gedanken, etwas nicht erfüllen zu können, was von ihr vielleicht erwartet wird.

»Bin ich froh, dass ich deine Behinderungen nicht habe«, sage ich und lache.

31. Oktober

Behinderung ist wie ... ein Haus mit Handwerkern zu bauen, die eine andere Sprache sprechen. Als Eigentümer steht man ihnen, egal wo man sich hinstellt, grundsätzlich im Weg, sie wissen alles besser, zumindest klingt es so. Am besten, man hält den Mund und wartet ab. Diskussionen, wo eine Mauer hin soll, verlaufen ohne Ergebnis, irgendwann sieht man ein, dass man gar keine andere Wahl hat, als sich auf sie zu verlassen, und setzt sich auf eine Bank im Garten. Am Abend steht die Wand, einen Meter neben dem Plan, und krumm ist sie auch. Aber sie steht.

Und durch das Loch im Dach regnet es nicht nur, an schönen Tagen scheint sogar die Sonne herein.

NOVEMBER

Unser Wahlspruch in dieser elenden Welt sollte sein:
Trotz allem.

EDMOND UND JULES DE CONCOURT, TAGEBÜCHER

1. November

Ein Freund, der als Rundfunksprecher Nachrichten von der Börse verliest, hat sich vor einigen Wochen für mich gefreut, dass der Aktienkurs eines Pharma-Unternehmens wegen der Einführung eines neuen Medikamentes zur Vertreibung meines Dämons plötzlich stieg. Vor ein paar Tagen fiel der Kurs wieder, weil es die Erwartungen nicht erfüllte.

2. November

Innerhalb von nicht einmal vierundzwanzig Stunden habe ich mich zwei Mal zum liebenswerten Trottel einer Slapstick-Komödie gemacht. Diese Rolle liegt mir nicht. Auf Dauer ist sie mir zu klein, die typische Nebenrolle für einen Star, dessen Zenit bereits überschritten ist. Nur ist der tragische Held im Kampf gegen das Böse keine Alternative. Der jugendliche Liebhaber? In einer romantischen Hollywood-Komödie kann ich mir den Behinderten nur als besten Kumpel des unglücklich Verliebten vorstellen. Einer, der unglaublich clevere Eroberungsideen hat und immer ein Ohr für ihr Misslingen. Bei der üblichen Hochzeitssequenz am Schluss sieht man den Behinderten in der ersten Reihe sitzen – tapfer und ein bisschen verschmitzt lächelnd. Ich übe das schon.

Gestern Abend konnte ich auf meinen Stock gelehnt nur zuschauen, wie drei Frauen in Abendkleidern die unzähligen Schals, Mäntel und Jacken der anderen Partygäste mehrfach erfolglos um- und umschichteten und bei der Suche nach meinem Mantel ein heilloses Chaos verursachten. Nur weil die Gastgeberin mich nicht mehr für meine Sachen verantwortlich sein ließ: Ich solle mich hinsetzen und die Damen machen lassen, befahl sie mir. Müde hockte ich also zwischen ihnen, voller Selbstvorwürfe, warum es mir nicht gelingt, einen Abend lang ein ganz normaler, unscheinbarer Gast zu sein. Wie alle anderen auch.

Diese werden mich beim Nachhausegehen verflucht haben. Ich kann nur hoffen, dass sich später zwei beim Wühlen kennen gelernt haben und meine Behinderung der Auslöser für eine große Liebesgeschichte ist. Bei ihrer Hochzeit werde ich mit diesem gewissen Lächeln in der ersten Reihe sitzen ...

»Was hast du denn nun wieder? Es ist doch nett von denen gewesen, dir zu helfen«, findet meine Schwester. Ich solle nicht undankbar sein. Niemandem kann ich erklären, wie unendlich überdrüssig ich dessen bin, dass ununterbrochen alle nett zu mir sind. Ich möchte kein Party-Sorgenkind sein. Die Sehnsucht nach Normalität hat die Normalität ersetzt. Und ich fühle mich herausgedrängt aus den großen Geschichten und mit Nebenrollen abgespeist, selbst die Regie macht man mir streitig.

Vorhin habe ich auf eigene Faust eine Stunde meinen Schlüssel gesucht (auch das Nicht-Finden von Gegenständen dauert länger), schließlich bin ich mit dem Ersatzschlüssel aus dem Haus gegangen. Nach dem Kino fanden sich beide in der Hosentasche. Lieber habe ich gelacht und die Rolle des schusseligen Professors übernommen, der die Brille auf seiner Nase nicht findet, als meiner Schwester zu sagen, dass ich inzwischen auch mit der rechten Hand nicht mehr genug spüre, um einen Schlüssel in der Hosentasche zu erkennen.

Es sind diese Erlebnisse, die mir zusetzen, weil sie den Alltag vom Rand her auflösen. Alles klebt an der Behinderung, nichts ist mehr unbefleckt von ihr. Überall drängt sie sich auf, immer will sie mit aufs Bild.

3. November

Wenn ich Kinder beobachte, die gerade Laufen gelernt haben, kommt mir das eigenartig vertraut vor: dieses Torkeln, nach links und rechts Abdriften, diese tapsige Art, die Füße aufzusetzen. Das Gleichgewicht ist keine Selbstverständlichkeit, sondern ein Geschenk. Wie ein Kleidungsstück, das ein paar Nummern zu groß ist. Doch sie haben es an sich gerissen und geben es nicht mehr her. Vorwärts stürzend und dabei beschleunigend.

Das unterscheidet mein Gehen von dem ihren, dass ich eher einen Tick zu langsam bin, untertourig laufe, abbremse, nach hinten kippe. Es ist der Rückfall in eine Vorform des Laufens, die ich unfreiwillig wieder aufgenommen habe. Betrunkene beherrschen sie auch, in Ansätzen. Aber bei ihnen wirkt es weniger ehrgeizig als bei mir.

Das Gleichgewicht ist nicht als gleichwertig anerkannt unter den anderen Sinnen. Und erst wenn es gestört ist, merkt man, dass das reine Wissen darum, wo oben und unten ist, was schief und gerade und wo man selbst sich im Raum befindet, einem im Ernstfall nicht viel hilft.

Genau verstanden habe ich es nie, aber wenn eine Vespa erst mal fährt, fällt sie nicht um. Ich würde mir gern ein Beispiel daran nehmen, doch nach fünf Metern ohne Stock wird das Gehen zum Torkeln. Gerade schaffe ich es noch zu meinem Roller. Während ich vor dem ›Loretta‹ den Helm festschnalle, stellt sich der Kellner in die Tür und sagt kopfschüttelnd:

»Das haben wir gern. Einen Stock brauchen, aber mit der Vespa fahren. Genau wie meine Oma. Kann auch nicht mehr laufen, aber ist immer mit dem Auto unterwegs.«

4. November

Wie eng Sehen, Stehen und Gleichgewicht zusammenhängen, kann man angeblich auf einem Schwebebalken mit geschlossenen Augen erproben. Auch ohne ein solches Gerät spüre ich es täglich beim Abtrocknen. Inzwischen stelle ich mich schon so nah an die Wand, dass es nicht mehr wehtut, wenn ich umkippe, sobald ich für eine Sekunde die Augen schließe. Das Gleichgewicht zu halten ist anscheinend so kompliziert, dass man es nur beherrscht, wenn man sich darüber keine Gedanken machen muss.

Premiere: Nach zwei Jahren das erste Abendessen im größeren Kreis, während dessen meine Behinderung kein einziges Mal Erwähnung findet. Obwohl ausgiebig über Wunderheiler gesprochen wird, fragt mich niemand nach meinen diesbezüglichen Erfahrungen. Vielleicht liegt es daran, dass der Gastgeber Psychologe ist. Ihm traue ich zu, die anderen Gäste entsprechend instruiert zu haben. – Egal: ein Schritt zum Wiedererwerb des Gleichgewichts.

5. November

Behinderte Sportler üben eine eigenwillige, gebrochene Faszination aus. Bei ihnen wird noch offensichtlicher als bei anderen Athleten, dass man mit eisernem Willen und Ehrgeiz körperliche Grenzen überschreiten kann. Die wenigsten Zuschauer möchten es selbst ausprobieren, sind im Gegenzug aber dazu bereit, die Sportler hemmungslos zu bewundern. Die Distanz ist doppelt groß: Zu der sportlichen Leistungsfähigkeit kommt die Behinderung. Die Sehnsucht nach dem perfekt funktionierenden Sportlerkörper ist verfremdet, als ob Bert Brecht Regie geführt hätte. So würde man sich gerne über seine Begrenzungen hinwegsetzen, aber nicht um den Preis der Behinderung.

Am augenfälligsten ist das bei Sportlern mit Amputationen. Bei ihnen ersetzt, ergänzt Technologie die natürliche Leistungsfähigkeit. Ein Läufer mit Prothese ist nicht mehr zu hundert Prozent ein Mensch, sondern auch ein Automat. Und die bewundert man nur unter Vorbehalt.

Aus meiner Perspektive verschiebt sich das Ganze noch einmal. Ein beinamputierter Ironman, der zwischen Haien schwimmt, um dann vierzig Kilometer durch die Hitze zu rennen (dazwischen radfahren), ist für mich kein Behinderter, er hat kein »Handicap«, auch wenn er nur ein Bein hat. Ich habe beide und kann nicht einmal von einem Fahrrad absteigen.

Die Welt ist voller Widersprüche. Selbst wenn man den Ironman-Automaten nicht mit mir vergleicht, frage ich mich: Wer kann überhaupt vierzig Kilometer laufen? Keiner meldet sich. Wer ist nun behinderter?

6. November

»Wo ist der Typ mit dem Stock?«, ruft ein Mann mit Bierflasche in der Hand durch den Flur.

»Der sitzt auf Jürgens Bett.«

Jürgen ist Psychiater. Die Bücherwand gegenüber ist vollgestopft mit Fachliteratur, im untersten Regal stehen Pantoffeln, auf denen Freuds Gesicht aufgenäht ist. Im stumm geschalteten Fernseher läuft ein schwarzweißer Horrorfilm. Sein Schlafzimmer ist das einzige in der überfüllten Wohnung, in dem man noch frei atmen kann. Es bleibt ewig ein Rätsel, warum bei Mediziner-Partys so viel geraucht wird.

In der Küche habe ich vor dem Minestrone-Topf das erste Mal meine Behinderungsgeschichte erzählt, sie dann in Kurzform für einen angehenden Urologen wiederholt. Er nickte schon sehr routiniert. Allmählich werde ich Meister im Party-Krankheits-Smalltalk. Ein Autorenkollege hat mir im Vorbeigehen noch nachgerufen:

»Alle großen Schriftsteller hatten einen Stock!«

Ich setze mich auf Jürgens Bett, eine Viertelstunde später bin ich umringt von fünf bildhübschen Frauen. Fünf. Ich fühle mich wie ein pensionierter Casanova. Irgendwie wirke ich wohl anziehend und gleichermaßen ungefährlich. Jede möchte mir etwas holen, ein Glas Wein vielleicht, oder noch einen Teller Suppe? Ich danke.

Eine von ihnen, Antonia, erzählt von zwei Freundinnen mit demselben Schicksal wie meinem. Sie ist erstaunt, dass ich so offenherzig damit umgehe. Beide haben es bisher kaum jemandem gesagt, die eine nicht einmal ihrem Freund, »um sich nicht aus dem Rennen zu kicken, schließlich arbeitet man als Frau auf Kinder und Familie hin«, findet Antonia.

Als ich ihr sage, dass ich gar nicht anders kann, als beim ersten Date mit der Wahrheit herauszurücken (die einzige Alternative wäre, mich als Alkoholiker oder Heroinabhängiger auszugeben), entgegnet sie:

»Aber du kannst dir doch nicht alles gleich zu Beginn kaputt machen. Ich erzähle ja auch nicht jedem sofort, dass ich eine Hysterikerin bin.« Wir lachen.

Eine angehende Allgemeinärztin schaltet sich in das Gespräch ein. Ihr würde es schwerfallen, über das Patientengespräch hinaus die richtige Balance zwischen Interesse und Zurückhaltung zu finden. Sie ist verunsichert, wie sie mit Behinderungen umgehen soll. Auch mein Geständnis hätte erst einmal eine Distanz zwischen uns geschaffen.

Meiner Erfahrung nach haben diejenigen, die auf meine Behinderung abweisend reagieren, mit sich ein Problem, nicht mit mir, und, so entgegne ich, »damit kann ich ihnen nicht helfen.«

Während wir so plaudern, beginnen meine Füße wie Feuer zu brennen und erinnern mich daran, dass meine Behinderung nicht nur ein Konversationsthema ist. Zeit zu gehen. Der Casanova braucht viel Schlaf.

Im Treppenhaus bedankt sich Antonia flüsternd für das Gespräch. Als hätte ich ihr vor den anderen Gästen eine Rose geschenkt.

7. November

Der Typ mit dem Stock schreibt der bekennenden Hysterikerin eine Mail. Noch am selben Tag erhält er von Antonia folgende Antwort:

»Hallo lieber Max, für mich bist Du schon mal gar nicht der Typ mit dem Stock, sondern der mit den schönen sanften Augen, damit das gleich klar ist.« – Kein Kommentar – »Mir hat unser Gespräch sehr gut getan, denn einer dieser mir bekannten Fälle, von denen ich Dir erzählt habe, betrifft meine eigene Familie. Und obwohl wir es schon ein paar Jahre wissen, wird das Thema gehütet wie ein Schatz und nur sehr, sehr ungern angesprochen. Verzeih bitte, dass ich also nicht ganz so offen war, aber ich stehe dem so ohnmächtig gegenüber.«

8. November

Wie oft habe ich Schauergeschichten gelauscht von Familienmitgliedern, die sich bei einer schweren Erkrankung in ihren Reihen bis aufs Blut zerstreiten? Zu oft inzwischen, um nicht hellhörig zu sein. Ein Sohn, der seinen sterbenskranken Vater nicht besuchen darf, weil er sich mit der Mutter überworfen hat, Antonias Geschichte ... Es gibt keine Krankheit, die nicht ansteckend wäre. Immer wütet sie über den Körper des Betroffenen auch in den Beziehungen um ihn. Sie zieht alles in Mitleidenschaft.

Selbst wenn die Familie wegen der Krankheit näher zusammenrückt, wie bei Antonia, geht das nur um einen hohen Preis. Die Bannmeile um den Kranken wird durch Schweigen markiert.

9. November

Noch eine Party, noch ein Theologe und noch ein Gespräch über die Heilung des Gelähmten. Es hilft alles nichts: Die Verfasser des Neuen Testaments gingen von einem ursächlichen Zusammenhang von Sünde und Krankheit aus. Weil das nicht in unsere Weichspülerzeit passt, erwähnen es Priester bei ihren Predigten nur in Nebensätzen und Anführungszeichen, um rasch zu etwas anderem kommen zu können. Zur Gnade und dem Himmelreich. Doch davor stehten Schuld und Sünde, ohne die ist Vergebung nicht zu haben. Der Bibelstelle zu Grunde liegen archaische Vorstellungen von Dämonen, die vom Körper Besitz ergreifen und die es zu vertreiben gilt. Das Verständnis von Heilung als Exorzismus wirkt bis in die Gegenwart. Auch die Medizin ist nicht frei davon. Die Dämonen heißen nur anders: Viren, Pilze oder Bakterien oder eben die beschädigten Gene.

(Mir gefällt die Vorstellung eines Dämons. Es ist eine wunderbare Gabe des Menschen, den Dingen eine Gestalt zu geben. Ich verstehe nicht, warum das oft als unstatthaft abgetan wird. Dass mein Dämon keine Schönheit ist, steht auf einem anderen Blatt. Eher gleicht er einem Teufel mit Klumpfuß. Bei Tageslicht betrachtet ist er vielleicht nicht einmal richtig hässlich, sondern ein Langweiler. Ein renitenter Stubenhocker. Ein Durchschnittstyp. Das und seine Anhänglichkeit unterscheiden ihn von denen anderer Krankheiten.)

Nichtbetroffene unterschätzen, wie schnell man sich selbst mit Dämonen arrangieren kann. Dem Gelähmten in meiner Lieblingsbibelstelle wird selbstverständlich unterstellt, dass sein Erscheinen bei Jesus reiner Verzweiflung entspringt. Sonst hätten seine Kumpane kaum die Strapazen auf sich genommen, ihn aufs Dach zu hieven. Doch Panik entspricht nicht dem Charakter einer Behinderung, zumindest nicht, wie ich sie erlebe. (Mein Dämon trägt zu Hause Pantoffeln mit aufgenähtem Freud-Gesicht.)

Vielleicht sind die vier Männer aus dem Evangelium nur dreist und wollen ausprobieren, was dieser neue Wunderheiler so drauf hat.

Bei meinem schweigend geheilten Gelähmten fehlt nämlich auch die sonst übliche Heilungsbitte. Sie würde wettgemacht, lese ich in einem Kommentar, durch den außergewöhnlichen Transport des Kranken. Der spektakuläre Auftritt durch das Dach macht wohl Umgangsformen überflüssig? Erst jetzt fällt mir auf, dass der Behinderte sich für seine Heilung nicht einmal bedankt: Er nimmt die Bahre und stapft grußlos davon. Das könnte einen anderen Grund haben als schlechte Manieren. Denn niemand weiß, ob er überhaupt von seiner Behinderung geheilt werden wollte. Auch eine ungewollte Heilung ist ein Akt der Bevormundung. Wird die Heilung also vornehmlich für die vier Männer und das umstehende Volk inklusive Schriftgelehrten in Szene gesetzt? Es scheint so.

10. November

Der Aufklärer Denis Diderot fragte einmal einen Blinden, was er am Dringlichsten ersehne. Seine Erwartung, dass dieser sich das Augenlicht zurückwünschen würde, wurde nicht erfüllt. Stattdessen träumte der Blinde von Händen, die bis zum Mond reichen, weil er ihn damit besser erkunden könnte als die Menschen mit ihren Teleskopen.

11. November

Vier Tage sind seit Antonias Mail vergangen. Zeit, ihr zu antworten. Aber vorsichtig. Nicht dass sie sich wie in einem Horrorfilm von Behinderten verfolgt sieht und hysterisch zu lachen beginnt ...

»Liebe Antonia, herzlichen Dank für Deine offene Mail. Ich bin ja kein Pfarrer, dem man alles sagen muss. Insofern, ich freu mich, wenn Du mit mir oder wem auch immer drüber sprechen willst. Es ist, bei Tageslicht betrachtet, nur eine dumme, hässliche Krankheit, nichts weswegen man sich schämen müsste. Es gibt davon fast so viele wie nette Menschen, was mich manchmal zornig macht. Heimtückisch ist sie und launisch, aber das sind nette Menschen auch manchmal ...

Dein Maximilian – Vielleicht geht beides zusammen, und man kann der Typ mit dem Stock sein und gleichzeitig sanfte Augen haben. Das wäre prima.«

12. November

Bevor das Licht ausgeht, zischt Julia mir zu:

»Wenigstens ein Hemd hättest du anziehen können.«

Ich werde rot. Sie hat ja Recht, in meinem Kapuzenpulli fühle ich mich in der Oper auch unwohl. Ich schäme mich, als ich ihr sage, dass ich Hemden meide, weil es mir schwerfällt, mit meinen tauben Fingerkuppen die Knöpfe zuzumachen, und ich niemanden darum bitten möchte. Ich bin nur froh, dass ich inzwischen wieder Schuhbänder binden kann, auch das war vor einem Jahr plötzlich so schwierig wie vor dreißig.

Dass mir meine Behinderungen auch noch peinlich sind, ist der schlimmste Kollateralschaden. Und dagegen anzukommen das Schwerste. Weil einem die Scham die Sprache raubt, einen hemmt und man sich drückt. Ein schalltoter Raum tut sich auf und verschluckt ausnahmslos jeden Hilferuf.

Die Anlässe sich zu schämen sind so vielfältig wie die des Körpers, nicht mehr zu funktionieren. Warum empfinde ich Scham, wenn ich mit Stock in eine Diskothek gehe, aber nicht beim Betreten eines Cafés, selbst wenn – was in einer Stadt wie München sogar wahrscheinlich ist – dort dieselben Menschen sind? Warum schäme ich mich gleichermaßen vor Fremden, vor Freunden und vor mir selbst, als ob es keinen Unterschied machen würde? Manchmal ist ein Fremder Auslöser, aber noch öfter ein Vertrauter. Paradox, denn genau der brächte einem mehr Verständnis entgegen als der Fremde. Dennoch ist die Vorstellung, den Urin während einer Besprechung nicht halten zu können, viel peinigender als die Vorstellung, dass es – man sagt dann gerne: das Malheur – auf der Einkaufsstraße passiert. Das ist pervers.

Am liebsten würde ich mich nur noch vor der Scham schämen. Aber die vollständige Überwindung ist auch nicht die Lösung. Wenn mir der Begriff des »Normalen« abhanden käme, dann wäre ich endgültig behindert. Ich meide Spiegel, auch aus diesem Grund.

Am Wichtigsten ist mir aber, dass sich niemand für mich schämt. Doch selbst davor schämen sich die Freunde, mir zu sagen, dass sie sich für mich schämen. Vor drei Jahren habe ich oft den Satz gehört: »Mensch Max, das kannst du doch nicht machen!« – Heute traut sich den niemand mehr zu sagen. In Scham sind alle heillos verstrickt, nur ein beherzter Schlag mit dem Schwert könnte den Knoten durchtrennen.

Vollends kompliziert wird es, wenn man erkennt, dass es auch eine niedrig dosierte, wohlwollende Scham gibt, die hilft, mit Schwächen des anderen umzugehen. Sie darf nur nicht umschlagen in eine lähmende, die am Leben hindert. Eine besonders bösartige Form ist die vorauseilende Scham. Weil man glaubt, sich schämen zu müssen oder Gegenstand von Fremdscham zu sein, unterlässt man etwas, was man gerne täte. Je öfter und je länger man dieser Phantomscham Raum einräumt, desto unüberwindbarer wird sie. Irgendwann wird sie zum Gesetz. »Ich will nicht« wird zu »Ich kann nicht«.

Es ist schwer, die Balance zwischen Unterlassen und Sichaussetzen zu finden. Behinderungen setzen einen, wenn sie sichtbar oder spürbar sind, in besonderer Weise dem Blick der anderen aus. Der Behinderte steht unter verstärkter Beobachtung. Er kann nicht in der Masse verschwinden, er ist auffällig, gerade wenn er Hilfsmittel benötigt. Es macht ihn zum Exzentriker und zum idealen Beschämten. Behinderungen lassen eine schon vorhandene Neigung zur Scham voll durchschlagen. Es ist ein Gefühl wie in der Pubertät, nur hat man nun keine Pickel oder einen zu kleinen Busen, sondern vielleicht eine amputierte Brust oder einen Rollstuhl.

Viel kann man durch einen geradeaus gerichteten Blick überwinden, um nicht unterhalb seiner Möglichkeiten zu leben. Kopf hoch, Augen geradeaus und durch die Schamsituation. Zumal die Phantasie immer greller ist als die Wirklichkeit. Die Scham vor Tränen oder die Scham, auf Hilfe angewiesen zu sein; beides fühlt sich in der Vorstellung monströser an, als es in Wirklichkeit ist.

Um sich ihr zu stellen, gibt es drei Strategien. Die erste, die charmanteste ist das Lachen. Die peinliche Situation weglachen. Die Spannung löst sich dabei in Luft auf, der Beschämte und der Zeuge verbünden sich gegen die Scham. Die zweite Strategie setzt andersherum an. Man verständigt sich darauf, dass es da gar nichts zu schämen gibt, und straft die Peinlichkeit mit Ignoranz. Takt und Umgangsformen sind die sichersten Bollwerke. Eine peinliche Situation nicht zur Kenntnis nehmen, sie höflich zu übergehen, bedeutet nicht, kalt oder oberflächlich sein, sondern ihr den Raum zur Entfaltung verwehren. Die dritte Strategie ist der Rückzug auf Rollenmuster. Eine Untersuchung verliert das Peinigende, wenn die Beteiligen, Arzt und Patient, ihre Rollen ausfüllen und nur noch darin agieren. Fast in jeder Situation gibt es Rollen, in die man schlüpfen kann, um die Peinlichkeit hinter sich zu lassen.

Julia hat den ganzen ersten Akt der Oper darüber nachgedacht, wie sie ihre Bemerkung wegen des Kapuzenpullis wieder gutmachen könnte, die ihr unglaublich peinlich ist.

13. November

Heute wurden von mir Fotos gemacht. Auf manchen sehe ich aus wie der Altkanzler vor der Ankündigung von Neuwahlen. Das hat mich doch besorgt. Älter wird man auch als Behinderter. Als ob die Versehrtheiten nicht ausreichen würden, bekommt man ein Doppelkinn, und die Falten, die man bisher als Lachfalten bezeichnet hat, sind sogar sichtbar, wenn man dreinschaut wie ein Sorgenkind des Lebens.

Ob das Alter eine eigenständige Form der Behinderung ist oder nicht, bleibt umstritten. Auf jeden Fall empfinde ich meinen körperlichen Niedergang als eine Schule des Alterns. Ich weiß, was es heißt, dass einem alles beschwerlich ist, schon der Gedanke ans Aufstehen und von dort jeder mühselige Schritt, jede Bewegung, bis man halbwegs gewaschen und mit frischer Wäsche angetan an einem Tisch sitzt, um seinen Tee zu trinken. So muss sie sich anfühlen, die Greisenhinfälligkeit.

Doch der eigentliche Skandal ist, mich mit Stock auf den Bildern zu sehen. Ich bin erschrocken, wie viel Raum er einnimmt. Da ich mich darauf stütze, auch beim Sitzen, zieht er alle Aufmerksamkeit auf sich. Er ist mehr als ein Accessoire, kein Detail wie rote Augen oder eine geschmacklose Schrankwand im Hintergrund. Wie eine Katze hat er sich in den Vordergrund geschlichen. Aber ich werde einen Teufel tun, ihn zu streicheln.

Der Stock dient aber nicht nur zur Stabilisierung des Gleichgewichts. Darüber hinaus ist er ein Symbol, das über die Hilfsbedürftigkeit hinausweist, als Zeremonienstab, Herrschaftsinstrument, Bischofsstab, Hirtenstab. Er vereint Stärke, Macht und Gebrechlichkeit zu einem Sinnbild allen Seins. Wenn der Göttervater Wotan sich auf den Speer als Stock stützt, demonstriert er beide Aspekte. Überhaupt Wotan: Der Göttervater macht bei Richard Wagner vom Vorstandsvorsitzenden einer korrupten Götter-AG bis zum heimatlosen Wanderer eine vorbildliche Entwicklung durch. Er wird durch seine Behinderung nicht nur sympathischer, sondern auch befreit. Das alte Lied von der Läuterung durch Gebrechen. Und davon, dass das Abschiednehmen von der Macht nicht Ohnmacht bedeutet.

14. November

Objektiv betrachtet ist mein Behinderungszustand schlechter als vor einem Jahr, aber besser als vor einem halben. Was heißt das nun? Werde ich nach meinem Wohlergehen gefragt, zerlege ich – je nach Gegenüber – diesen Befund in zwei Hälften und präsentiere nur eine davon. Entweder ich antworte: »Ich bin Realist: Mein Zustand ist im Vergleich zum letzten Jahr deutlich schlechter. Wenn es sich weiter so entwickelt, kann ich in spätestens drei Jahren nicht mehr laufen.« Oder ich sage mit unbekümmerter Miene: »Ich bin Optimist: Ich steige wieder drei Stockwerke hoch. Das war vor einem halben Jahr ein Ding der Unmöglichkeit. Wenn es sich weiter so entwickelt, kann ich mich eigentlich nicht beklagen.«

Ich könnte die beiden Sätze addieren und durch zwei teilen. Was kommt bei einer solchen Rechnung heraus? Ein Mensch vielleicht. Und wieder einmal die Erkenntnis, dass das Leben voller unauflösbarer Widersprüche ist.

15. November

Patrick braucht seinen Stock nicht, um sich darauf zu stützen, sondern zum Sehen. Vor zehn Jahren erblindete er. Heute leidet er auch noch an einer zermürbenden Nervenkrankheit, die ihm kaum mehr Luft zum Leben lässt. Seine Mails sind davon nicht berührt:

»Nur schnell dies: Als es mit meinen Augen so weit war, dass ein weißer Stock angezeigt war, jedoch nur, um andere Menschen darauf aufmerksam zu machen, dass ich nicht bekifft oder besoffen bin, sondern eben bloß unsichtbare Augenprobleme habe, da ist mir dann auch schon mal geschehen, dass mir nachgerufen wurde: Ich solle doch den Golfschläger zu Hause lassen.

Ist irgendwie komisch mit diesem weißen Stock. Ich brauchte ihn, um den Leuten zu signalisieren, dass ich behindert bin. Ich habe mich aber sehr schnell mit dem Stock angefreundet, weil seine Vorteile die Nachteile überwogen. Aber klar: Die Mädels waren zunächst immer sehr verunsichert, und es brauchte mehr als eine Party, bis ich sie endlich abschleppen konnte ... Na ja, ich glaub, wäre es bloß diese Augengeschichte, so könnte ich mich ganz gut durch die Welt schauspielern.«

16. November

Inkontinenz ist eine brutale und erniedrigende Form der Behinderung. Eine Tabu-Behinderung, ich würde mir lieber die Zunge abbeißen, als sie in der Öffentlichkeit klar zu bekennen. Meine Blase spinnt, sage ich.

Aber Inkontinenz ist nicht nur unaussprechlich, sondern vor allem unglaublich unpraktisch: Wenn die ausgelaufenen Körpersäfte nicht schnell genug aus Kleidung oder Bettwäsche entsorgt werden, hinterlassen sie Spuren. Am falschen Ort aus den verpönten Öffnungen entwichen, entwickeln sie eine unheimliche Zerstörungskraft.

Es ist die einzige Behinderung, die so sichtbar wird. Nicht genug, sie wirkt auf mehrere Sinne: Man sieht, fühlt, schmeckt und riecht sie. Und unhygienisch ist sie auch. Inkontinenz ist deswegen so schmerzhaft, weil sie sinnfällig macht, dass man seinen Körper nicht mehr unter Kontrolle hat. Dass man – wie sonst nur bei Impotenz – auf der elementarsten, der primitivsten Ebene versagt. Die meisten, ich auch, reagieren darauf mit Feigheit und Heimlichtuerei.

Tiere und Kinder stubenrein zu machen ist eine der ersten und vorrangigsten zivilisatorischen Anstrengungen nach der Geburt. Wird diese Erziehungsmaßnahme rückgängig gemacht, gerät die Welt des Betroffenen aus den Fugen. Weil das Ergebnis dieser Entmündigung auch noch materiell in der Welt ist, nachweisbar, wirkt sie wie ein Stigma, bei Bettnässern jeden Morgen aufs Neue.

Mit einer Blasenschwäche ordnet sich die Welt neu, gruppiert sich um Toiletten als Fixsterne des Alltags. Wie weit sind sie weg, gibt es Stufen? Wenn jemand mir eine Kneipe vorschlägt, fällt mir als Erstes das Klo dazu ein. Jede Wegstrecke überschlage ich vorher nach ihrer Länge und der jeweiligen Entfernung zur nächsten Pinkelmöglichkeit. Eine Gehbehinderung und Blasenprobleme sind jedoch keine gute Kombination.

17. November

Ich nehme mir vor, die Schachtel mit Einlagen nicht mit überflüssigen Süßigkeiten im Einkaufswagen zu kaschieren. Ebenfalls werde ich den Blick »Is' nich für mich, nur für Opa« vermeiden. Und siehe da, es funktioniert. Diese Erfahrung beschwingt mich so, dass ich gleich noch zu einem anderen Drogeriemarkt fahre.

Eigentlich sind Windeln (Einlagen sind Mini-Windeln, auch da braucht man sich nichts vorzumachen!) eine geniale Erfindung zur Vermeidung der praktischen Folgen von Inkontinenz. Aber sie sind Tabuobjekte, so mit

Bann belegt, dass man sich lange scheut, sie zu verwenden. Dabei muss man sich nicht daran gewöhnen, sie zu tragen, sondern nur an die Vorstellung, sie zu tragen. Wenn ich in dem Bereich mehr spüren würde, könnte ich es mit Bestimmtheit sagen, so nur vermuten: Es fühlt sich gar nicht so schlimm an.

Eigentlich müsste jeder Mensch welche zu Hause haben, aus Bequemlichkeit. Anlässe gibt es genug: Wer träumt nicht davon, eine lange Autofahrt ohne Toilettengang zu absolvieren? Zumal auch Produkte vorliegen, die absolut – nun ja, fast – geruchsneutral, diskret zugänglich, leicht anzulegen und viel billiger sind, als ich dachte. Die Angebotspalette an verschiedenen Modellen ist nur bei Damenbinden größer. Dennoch, einfach fällt es nicht, im Drogeriemarkt zuzugreifen.

Ich habe schon mit vielen Menschen über alle möglichen Aspekte von Behinderung gesprochen, bis hin zum Tod, aber nie über Windeln. Bei der nächsten Party nehme ich das in Angriff. Wenn ich dabei jede halbe Stunde aufs Klo renne, bekommen die anderen gleich Anschauungsunterricht.

18. November, Volkstrauertag

Würden wir in Deutschland nicht schon über ein halbes Jahrhundert im Frieden leben, wäre der Anblick eines jungen Mannes mit Stock weniger ungewohnt. Andere Staaten versorgen sich regelmäßig mit Versehrten und vergessen sie ein paar Jahre nach Kriegsende (wann genau das Verdrängen beginnt, hängt vom Kriegsverlauf ab). Obwohl die Irak-Schlacht noch nicht zu Ende geschlagen ist, geraten deren Behinderte schon in Vergessenheit. Wahrscheinlich sind in Zeiten des allumfassenden Controllings auch im Pentagon Betriebswirte mit Excel-Listen aufmarschiert, die die Langzeitkosten für Behinderungen in die Gesamtaufwendungen mit eingerechnet haben.

Kein Krieg, bitte. Wahrscheinlich würde ich ohne Fronterlebnisse eh nur zum Versehrten zweiter Klasse taugen im Vergleich mit einem Veteranen. Diese haben gemeinsam etwas erlebt, ganz zu schweigen vom Einsatz für Vaterland und Ehre. Dabei gehört auch nicht mehr Mut dazu, sich eine Kugel ins Bein schießen als sich sein Gehirn verwüsten zu lassen. Und die gefährlichsten Behinderungen, die ein Krieg hinterlässt, die der Psyche, sieht man nicht einmal.

19. November

In demokratischen Gesellschaften, in denen jeder zu allem eine Meinung haben muss, formiert sich zu jeder Bewegung irgendwann auch eine Gegenbewegung. Dieses eherne Gesetz gilt auch für die Behinderten. Nachdem sich in den Siebzigern die »Krüppelbewegung« gebildet hatte und mit zahlreichen Protestaktionen auf die Straße zog, gibt es nun diverse Splittergruppen, die den anderen vorwerfen, sich anzubiedern. Mitleid erscheint ihnen als die größte Diskriminierung.

Ein quälend langer Dokumentarfilm dokumentiert, wie ein Mann mit Muskelschwund verzweifelt gegen eine alljährliche Benefiz-Fernsehgala in den USA ankämpft. Er ist für die Premiere nach München gekommen, um sich in die nächste Diskussionsschlacht zu werfen. Dieser Gotteskrieger-Zorn bewegt mich, sein Anliegen selbst scheint mir allerdings objektiv nicht fassbar. Spendengeld stinkt nicht, zumindest nicht mehr, wenn es seinem Zweck zugeführt wird.

Und mir fällt es unglaublich schwer, mit dem schwitzenden Mann kein Mitleid zu haben, der sich mit »No pity!«-Rufen die Seele aus dem Leib schreit.

20. November

Meine Krankengymnastin möchte mir einen Hometrainer aufschwatzen. Für Ausdauer, Kreislauf und Beinmuskulatur ...

»Aber wo soll ich so ein scheußliches Teil hinstellen?«, frage ich. Schon der immerhin dezent graue Gymnastikball macht aus meinem Büro eine Turnhalle und passt nicht zu meiner Einrichtung. Die Matte kann man noch mit den Inkontinenzartikeln unterm Bett verstecken, aber so ein Fitnessrad ... Ich möchte in meiner Wohnung keine Denkmäler meines Verfalls aufstellen.

Sie antwortet mit einem feinen Lächeln:

»Ja, die Wohnungen verändern sich mit der Zeit, erst verschwinden die Teppiche als Stolperfallen, dann gibt es ein neues Bett, aus dem man leichter –« Mitten im Satz bricht sie ab. Aber es fällt mir nicht schwer, ihn zu beenden. Das versteht sie unter »Autonomie erhalten«.

Sie weiß nicht, dass ich den Teppich im Flur schon habe verschwinden lassen, bevor sie mich zum ersten Mal besuchte. Aber sie findet, dass mein Bett zu niedrig ist. Irgendwann würde ich schon selbst darauf kommen. Ich bin ihr dankbar, dass sie die Verwandlung meiner Wohnung in ein Sanatorium nicht zu Ende geführt hat. Abergläubisch bin ich auch, man muss das dicke Ende nicht unbedingt herbeireden.

21. November

Oft ärgert es mich, am Höflichsein behindert zu werden: Inzwischen halten Frauen, selbst Schwangere, mir die Tür auf und nicht umgekehrt. Im Bus stehen Senioren auf, um mir einen Platz anzubieten, nicht anders herum. Dabei wäre es schön, genauso oft »Bitte« wie »Danke« zu sagen.

Ich träume davon, Sätze zu verwenden wie »Danke, ich stehe ganz gern.« Oder auch in der Schlange vor einer Toilette: »Wollen Sie zuerst? Bei mir ist es nicht so dringend.« Eigentlich gibt es keinen Grund, dies nicht hin und wieder zu sagen. Bei der Kloschlange müsste ich vielleicht schummeln und vorher schon mal gehen. Und im Bus könnte ich mich schließlich doch überreden lassen, mich selbst zu setzen.

Ununterbrochen Ziel für Hilfsbereitschaft zu sein führt zu einer eigenartigen Form des vorauseilenden Gehorsams. Auf die Allerweltsfrage nach dem Wohlergehen traue ich mich selbst an den Tagen, an denen es stimmt, schon nicht mehr zu antworten: »Hervorragend.« Das empfinde ich meinem Zustand als nicht angemessen. Zudem hat mein Gegenüber ein Anrecht darauf, mich zumindest ein bisschen bemitleiden zu dürfen. Und selbst wenn ich sage »gut«, füge ich, um niemanden zu enttäuschen, meist schnell hinzu: »der Situation angemessen«.

Welcher Gemütszustand ist einer Behinderung angemessen? Wahrscheinlich etwas zwischen stillem Duldertum und Es-wird-schon-wieder, ein wenig schlechter als »befriedigend«. Eine vier plus. Aber er darf auch wiederum nicht zu schlecht ein. Verzweiflung ist völlig zu Recht reserviert für frisch Getrennte und Sterbende.

Meine Mutter ruft an. Eine Nachbarin ist gestorben. – Obwohl ich mir fast auf die Zunge beiße, gelingt es mir nicht zu verheimlichen, dass ich mich seit ein paar Tagen kaum in der Wohnung auf den Beinen halte. Unmöglich kann ich zur Beerdigung. Ich gäbe viel darum, ihr diese ständige Sorge um mich zu ersparen. Sie ist am deutlichsten herauszuhören, wenn sie versucht, es sich nicht anmerken zu lassen.

22. November

Christian sagt:

»Da muss man doch was machen können.«

»Man kann aber nichts machen.«

»Das glaube ich nicht. Man kann immer etwas machen.« Christian hat anscheinend wieder eine Idee.

Ich erzähle ihm von Veronika, die mich zu einem Wunderheiler schicken möchte. Nicht nur zu einem, ich soll gleich alle ausprobieren. Inzwischen sammle ich in einer Klarsichthülle Adressen, die mir zugesteckt wurden. Jeder kennt einen oder hat zumindest von einem gehört. Entweder es muss viel Unheil geben, oder das Gesundwerden ist eigentlich gar nicht schwer.

Christian verdreht die Augen. Chemie scheint ihm vertrauenswürdiger. Er liest die Beipackzettel wie Gebrauchsanweisungen für eine neue Spülmaschine.

Für mich sind Veronikas und Christians Ermahnungen gleichermaßen anstrengend. Beides läuft immer wieder darauf hinaus, dass ich etwas tun soll, nicht still vor mich hinleben (sie würden wohl beide sagen: hinleiden). Für sie geht es darum, die Dinge in Angriff zu nehmen. Dabei ist es sehr schwer, zwischen Aktionismus und Lethargie das Mittelmaß zu finden. Auf das Gleichgewicht kommt es an, wie immer.

Ich habe noch einen Trumpf: Veronikas Cousine lässt sich gerade zur Wunderheilerin ausbilden und sucht noch Kandidaten, an denen sie üben kann. Sie würde es einmal mit Energieaustausch probieren, sagt sie. Dazu bräuchten wir nur zu telefonieren. Dann müsse ich ihr irgendetwas zusenden, eine Tafel Schokolade oder so, damit sie mir im Gegenzug Heilung schickt.

Christian fand Veronika und ihre Sippe schon immer verrückt.

»Du musst mehr ausprobieren. Ich habe von einer neuen Behandlungsmethode gehört. Eine Bekannte von einem Bekannten hat so blaues Zeug bekommen, die war wie neu danach, meint er. Hast du endlich mit der Physiotherapie angefangen?«

Ich schüttle verneinend den Kopf.

»Wie oft soll ich es dir noch erklären? Meine Nerven gehen kaputt. Was soll mir Krankengymnastik da helfen? Ich mache mich doch nicht zum Zirkuspferd.«

Er runzelt die Stirn. Es ist mein gutes Recht, seine Ratschläge in den Wind zu schlagen. Finde ich. Die Behinderungen fressen genug Zeit. Das nächste Mal werde ich ihm den Beipackzettel meiner Spritzen vorlesen, um ihn mundtot zu machen. Bei Nebenwirkungen weiß man wenigstens, woher sie kommen.

23. November

Je mehr ich über andere Behinderte erfahre, desto mehr habe ich den Eindruck, dass ich nur in der Amateur-Klasse mitspiele. So viele haben alles im Griff, sind informiert über Sozialleistungen und Hilfsmittel, über Rehabilitation und Behandlungsmöglichkeiten.

Aus der Distanz sieht es so unbeschwert, so elegant aus. Doch wahrscheinlich ist es wie beim Ballett: Vom Parkett aus wirkt alles leicht und spielerisch, erst wenn man die Tänzer aus den Kulissen beobachtet, nimmt man den Schweiß und die Anstrengung wahr.

Dazu ein Spruch fürs Poesiealbum: »Erinnere dich, dass du ein Schauspieler in einem Drama bist; deine Rolle verdankst du dem Schauspieldirektor. Spiele sie, ob sie nun kurz oder lang ist. Wenn er verlangt, dass du einen Bettler darstellst, so spiele auch diesen angemessen; ein Gleiches gilt für einen Krüppel, einen Herrscher oder einen Durchschnittsmenschen. Denn das allein ist deine Aufgabe: Die dir zugeteilte Rolle gut zu spielen; sie auszuwählen, ist Sache eines anderen.« Epiktet, Handbüchlein der Moral.

24. November

Jede Minderheit fühlt sich an den Rand gedrängt und nicht genug beachtet von »der Gesellschaft«. Dabei hat man von dort den besten Blick aufs Geschehen.

Meistens laufen die Forderungen auf mehr Verständnis heraus. Aber man rennt auch nicht auf die Straße und ruft jedem Passanten zu: »Bitte versteh mich!«

Die einsamen Rufer in der Fußgängerzone haben oft etwas Erbärmliches. Und Erbarmen ist Mitleid dritter Klasse. – Man muss es cleverer anstellen, und mit Charme. Denn es bringt mehr ein, nur an den Tischen um Kuchen zu betteln, an denen auch Kuchen gegessen wird. Das weiß ich, seit ich als Sternsinger um die Häuser zog. Gleich von der ganzen Gesellschaft anerkannt werden zu wollen, wie es in Grußworten zu Behindertenveranstaltungen reflexartig eingefordert wird, scheint mir keine kluge Idee.

Meistens läuft es mit dem »Gehör finden« eh nur auf eine Rolle in der Lindenstraße hinaus. Und die ist mit Dr. Dressler seit Jahren besetzt.

Antonia hat auf meine letzte Mail nicht geantwortet, fällt mir bei der Gelegenheit ein. Sie ist die Erste nicht.

25. November

Ein Kind zu bekommen, Vater zu werden, erscheint wie eine Rettung, wie ein möglicher Befreiungsschlag, der mich aus der Behinderung heraus katapultieren würde. Ein Neubeginn, mit verschobenen Prioritäten. Weg von mir. Doch wenn ich über die Folgen nachdenke, weicht die Begeisterung einem wehmütigen Kalkül. Ich möchte mich keinem Kind zumuten. Notgedrungen bin ich überdurchschnittlich viel mit mir selbst beschäftigt.

Als Patenonkel würde ich eine gute Figur abgeben, als leiblicher Onkel auch, aber nicht als Vater. Ich weiß, dass es viele Behinderte gibt, die zu einem anderen Entschluss kommen. Mögen sie mich eines Besseren belehren.

Oder bin ich nur feige?

26. November

Im Lauf der Monate sickerte die Behinderung in mich ein, wie in ein Haus, bei dem der Grundwasserspiegel unmerklich steigt. Erst haben sich die Wände voll Wasser gesogen, dann kam der Schimmel. Im überfluteten Keller quaken inzwischen Frösche. Irgendwann kam der Herr von der Versicherung und stieg mit mir hinunter. Nun weiß ich, wie es da drunten aussieht. Es war ein bitterer Tag, selbst das »trotz allem«, mein neues Mantra, kann dagegen nicht an. Weg hier.

Ich packe mein Rollköfferchen und nehme mit: fünf Einlagen, ein Spritzenset, drei Unterhosen, Socken, ein Kühlelement (natürlich habe ich vergessen, es vorher in den Kühlschrank zu legen), T-Shirts, Zahnbürste, Deo, diverse überflüssige, aber fürs Gefühl der Sicherheit notwendige Tablettenschachteln, eine Art Nachttopf – schon ist mein maximales Reisegewicht erreicht und das Köfferchen voll.

27. November

Im Zug nach Berlin bereue ich meinen Entschluss, an dem Seminar teilzunehmen, nur einmal vor einer Ewigkeiten besetzten Toilette. Der Zweifel, ob ich mir dies oder jenes zutrauen kann, wird langsam zu einer Manie. Nun begreife ich, warum das Aufrechterhalten der öffentlichen Ordnung in Krisensituationen für Regierungen so wichtig ist.

Bei der ersten Kaffeepause stoße ich zu den anderen Teilnehmern, die sich angeregt über das Programm unterhalten. Hilflos stehe ich leicht schwankend zwischen ihnen. Mein Stock kommt mir geradezu unanständig vor. Wie ein offener Hosenstall. Privates hat in dem Tagungsraum zwischen Kaffeetassen und Keksen nichts zu suchen. Ich fühle mich, als trüge ich Pantoffeln zum Anzug.

28. November

Beim Abendessen nach dem zweiten Seminartag erzählt die Schweizerin mir gegenüber, dass sie auf der Fahrt nach Berlin die Nacht mit einem alten Mann im Tarnanzug verbracht hat, der ihr mit der Faust drohte, als sie das Fenster schließen wollte. Jedes Mal, wenn sie zu ihm sah, stopfte er Brot in sich hinein und schluckte es mit Milch herunter. Alle am Tisch gruselt es. Nur die Dame neben mir stochert kommentarlos in ihrem Essen. Kurze, blonde Haare und ein schnelles Mundwerk. Sie flößte mir während des Seminars Angst ein.

Zwischen Hauptgang und Dessert kommt das Gespräch unvermeidlich auf meine Behinderung, immerhin erst am zweiten Tag. Ich antworte ungelenk, dass ich heute einmal nicht darüber sprechen möchte. Sofort wird das Thema gewechselt. Meine Tischnachbarin beugt sich zu mir und reicht mir unter dem Tisch die Hand.

»Willkommen im Club. Ich hab's auch, nur nicht so sichtbar wie bei Ihnen.«

Ohne innezuhalten isst sie weiter. Doch schlagartig hat sich für mich die Situation verändert. Die Scheu vor ihr ist weg. Die Familienbande des gemeinsamen Leids überstrahlen alles. Sie ist mir nahe gerückt wie eine Verwandte, die man nach Jahren endlich kennen lernt, vertraut, ohne etwas über den Namen hinaus von ihr zu wissen.

Und noch etwas ist anders: Die Krankheit sitzt nun mit am Tisch, unser gemeinsamer Dämon hat mein Verbot missachtet, meine Bitten überhört und sich selbst eingeladen. Er trägt einen Tarnanzug und stopft Brot und Milch in sich hinein. Wenn ich ihn bitte zu gehen, droht er mir mit der Faust. Immerhin werde ich ihn künftig sofort erkennen und mir bei seinem Erscheinen nicht mehr den Appetit verderben lassen.

29. November

Während eines Vortrags kritzle ich auf die Rückseite der Teilnehmerliste: »Ich kann nichts anderes mehr tun als dazusitzen, zu schreiben, zu reden. Keine Feldarbeit, keine Jagd, kein eigenes Haus bauen. Ich kann nicht kellnern, kann nicht putzen gehen, kann nicht operieren, kein Instrument spielen, seit auch meine linke Hand gelähmt war und sich anfühlt, als trüge ich einen wattierten Handschuh. Ich kann nur schreiben, nicht mehr mit zehn Fingern, aber mit acht erreicht man auch noch alle 24 Buchstaben. Und man sieht es den Texten nicht einmal an.

Es ist also ganz gut, dass ich Bücher mache. Ich komme mir selbst wie ein beschädigtes Buch vor, das genau deswegen für einen Liebhaber einmal von Wert sein könnte. Aber man sollte sich auch nichts vormachen, ich bin beschädigt. Wenn die Flut kommt oder das Feuer (›Aufzug bei Brand nicht benützen‹), werde ich mit zu den Ersten gehören, die verschwinden. Aus einem brennenden Haus könnte ich aus eigener Kraft nicht fliehen und auch nicht aus einem überfluteten Keller. Das sind Tatsachen, derer ich mir stets bewusst bin.«

30. November

»Ich bin nicht mehr einsatzfähig, tauge für keinen Krieg. Er würde mich wohl das Leben kosten, selbst als Zivilist. Wer nicht fliehen kann, ist leichte Beute. Wie ein Zebra. Wenn die dünne Schicht Humanismus einmal abgeschabt ist und der Terror regiert, nützt es nichts mehr, hilflos mit den Armen zu rudern. Darauf kann man sich einstellen, vielleicht noch einen Rettungsring unter dem Sitz verstecken und gegen die aufkommende Panik ankämpfen. Ich empfinde das ohne Wehmut und leite daraus einen besonderen Auftrag ab, mich für den Erhalt von Zivilisation trotz aller Macken und Verschraubungen einzusetzen.

Doch ihre Verankerungen lassen sich leicht herausreißen, die Nachrichten lehren es täglich. Dennoch leben wir im unerschütterlichen Glauben, dass sie schon halten werden. Und sie halten desto stärker, je stärker die Illusion ist, dass sie alles halten.

Es ist gut, auch weiterhin Bücher zu schreiben. Solange Bücher geschrieben, gedruckt und manche auch gelesen werden, wird das Haus nicht auseinanderfallen.«

Nun musste auch noch die Rückseite der Tagesordnung dran glauben für die Konfessionen eines glücklich Behinderten.

Die anderen Seminarteilnehmer schauen schon immer, was ich da alles mitschreibe. So interessant sei der Vortrag nun auch wieder nicht, signalisieren ihre Blicke. Bei der abschließenden Fragerunde werde ich es ihnen vorlesen.

Am Abend geht es wieder nach Hause, gemeinsam mit meinem Dämon im Tarnanzug.

18. Dezember, vor einem Jahr

Das linke Bein beginnt nachzuziehen. Während ich überlege, warum an diesem Tag ausnahmsweise das linke zuerst ausfällt, bleibt der rechte Fuß an einer Unebenheit im Pflaster hängen. Ich falle, nein, sacke zusammen auf die verdorrten Blumenrabatten neben dem Weg. Kein spektakulärer Sturz, nur ein sauberer K.O. in der ersten Runde dieses nasskalten Dezembermorgens.

Das geht nicht, ist mein erster Gedanke, nicht am Tag der von mir organisierten Weihnachtsfeier. Ich wische meine Hände am Mantel ab und sehe mich um. Auf allen Seiten Bürogebäude. Teilweise sind die Zimmer erleuchtet, die Kollegen starren auf ihre Bildschirme. Ich schäme mich, wie ich da im Dreck liege. Ich will keine Vorstellung in Hilfsbedürftigkeit geben. Nicht wie Traviata mit den Händen ringen. Vorsichtig ziehe ich den eigenartig verdrehten Fuß unter mir hervor. Ich spüre nichts. Und es gibt nichts, woran ich mich hochziehen könnte.

Nicht einmal krabbeln gelingt. Nicht mehr aufstehen zu können ist ein erniedrigendes Gefühl. Ich sehe meinen Vater vor mir, von Rückenschmerzen gepeinigt neben dem Bett liegend. Ein Bild, das ich nicht sehen wollte als Kind. Nun gebe ich kein besseres ab.

Ich hänge fest. Und obwohl ich mir hier leichter Hilfe organisieren kann, ist es peinigender, auf diesem Präsentierteller zu liegen, als allein im Wald.

Per Handy bitte ich eine Kollegin, mir beizustehen. An der Art, wie sie über den Hof rennt, ohne Jacke mit wehenden Haaren, als ob das Haus hinter ihr zusammenstürzte, wird mir bewusst, dass ich doch ein Sorgenkind bin. Obwohl ich mich so bemüht habe, einen anderen

Eindruck zu erwecken. Auf meine üblichen Scherze geht sie nicht ein, sondern holt Verstärkung.

Ich liege im Keller des Gebäudes auf einer Liege, im Archiv. Mir geht es gut. Mit jeder Wiederholung wirkt es beschwörender und weniger glaubwürdig. Mit allen Kräften versuche ich, die Fiktion eines normalen Arbeitstages aufrechtzuerhalten. Am liebsten würde ich meine Post durchsehen. Aber das geht nicht, weil um mich herum frierende Kollegen stehen und für mich ratlos sind. Eine läuft los, um mir Frühstück zu besorgen. Es ist der Einbruch des Körperlichen in das geregelte Büroleben.

Ein Wort macht die Runde: »Arbeitsunfall«. Das bedeutet sehr viele Formulare. Die zuständige Sachbearbeiterin wird gerufen, gemeinsam mit meinem Vorgesetzten beschließt sie nach einem Blick auf meinen anschwellenden Knöchel, einen Krankenwagen zu rufen. Widerspruch zwecklos. Allein schon für die Meldung bei der Betriebskrankenkasse. Meine Proteste werden schwächer: Heute ist doch Weihnachtsfeier!

In meinem Rucksack sind noch die Servietten. Mein hilfloser Versuch, wenigstens etwas beizusteuern, das ich tragen kann. Nicht nur Nutznießer zu sein.

Im Krankenhaus werde ich in einen Rollstuhl gesetzt, geröntgt und mit einer einwandfrei diagnostizierten Bänderzerrung entlassen. Kein spektakulärer Fall. Als Abschiedsgeschenk bekomme ich zwei Krücken, die mir nicht viel nützen, da ich keine drei Schritte laufen kann. Gar nicht mehr laufen. Meine gepiesackten Nerven reagieren mit Panik und lassen die Beine sofort wegsacken. Der gleichaltrige Orthopäde sieht darin kein Problem, das in seine Zuständigkeit fällt. Und damit überhaupt kein Problem. Wo nichts gebrochen ist, ist keine Weiterversorgung nötig. – Selbst- und Fremdwahrnehmung passen heute einfach nicht zusammen.

Frierend warte ich aufs Taxi. Die Fahrerin bugsiert mich irgendwie in ihr Auto. Mir fällt nichts anderes ein, als mich wieder in den Verlag fahren zu lassen. Zwei Kollegen tragen mich die fünf Stufen hoch. Ich sitze frierend im Flur, behaupte, dass alles kein Problem sei, weil es mir doch gutginge, warum sie sich das nicht endlich einmal merken könnten, und beginne trotzig, meine Post zu lesen und einen Brief zu diktieren. Nach einem unbedachten Versuch aufzustehen liege ich wieder am Boden.

Der Vorgesetzte – warum haben an diesem Tag bis auf mich alle ihren gesunden Menschenverstand nicht verloren? – beschließt:

»In einer halben Stunde sind Sie hier weg.«

Ich übergebe meine Servietten für die Feier wie mein Testament. Ein Dreivierteljahr habe ich mich aufrecht gehalten, geklammert an so etwas wie Alltag, und gar nicht gemerkt, was mich das wöchentliche Pendeln zwischen München und Stuttgart an Kraft gekostet hat. Oder besser gesagt, wie viel Kraft mir das Aufrechterhalten der alten Ordnung wert war. Wie viele Mittwochabende ich mich völlig erschöpft den Bahnsteig entlanggeschleppt habe, vom Abschnitt G bis nach B außerhalb der Halle, um von dort mit tränenerstickter Stimme meine Schwester anzurufen, ob sie mich abholen könnte. Ich spüre, dass dies mit dem Sturz vor bezahltem Publikum nun ein für alle Mal vorbei ist. Etwas ist zu Ende gegangen. Unwiderruflich. Ein weiterer Abschied vom normalen Leben.

Die Taxifahrerin von vorhin fährt mich von Stuttgart nach München zu meinen Eltern. Die Weihnachtsfeier findet ohne mich statt.

DEZEMBER

Und darum, weil ich nicht als ein Verliebter
Kann kürzen diese fein beredten Tage,
Bin ich gewillt, ein Bösewicht zu werden.

WILLIAM SHAKESPEARE, RICHARD III.

1. Dezember

Ich möchte mich für einige Tage in die Berge zurückziehen. Tamara fährt mich todesmutig mit ihrem kleinen Auto durch den ersten Schneesturm an den Tegernsee. (Die Fahrt allein hätte gereicht, um auf andere Gedanken zu kommen ...) Beim Betreten des heruntergekommenen Hotels, das ich im Internet gebucht habe, beschleicht mich ein mulmiges Gefühl. Hier also soll ich mich einsperren, in dieser geschmacklos eingerichteten Pension zu mir selbst finden? In dieser Bruchbude direkt an der Hauptstraße, mit der pfeifenden Heizung, den durchgelegenen Betten und der Einrichtung wie in einem Softporno aus den Siebzigern? Unmöglich.

Aber es hilft alles nichts, gebucht ist gebucht, und zurück will ich auch nicht mehr. Die Wirtin mustert mich boshaft und logiert mich in eine Abstellkammer ein. Erst auf Tamaras Drängen bekomme ich ein halbwegs anständiges Zimmer.

»Na, siehst du, mit Freundlichkeit geht alles.«

Sie lächelt mich aufmunternd an und verschwindet zurück nach München. Sich mit den Gegebenheiten zu arrangieren bleibt die einzige Alternative. Genau so fühlt sich Behinderung an, falls das hier irgendjemanden interessiert.

2. Dezember

Auch wenn heutzutage jeder daherkommt, wie er will – diese Lüge hört man manchmal von älteren Leuten –, gibt es klar definierte Bilder von Männlichkeit. Auf den Werbeplakaten prangen die gestählten Heroen und blicken in die Ferne wie Seeleute, die vergessen haben, woher sie kommen und wohin sie wollen. Ein Blick in ihre geschminkten Augen reicht, um zu wissen, dass sie mit ihrer Schönheit völlig überfordert sind. Von ihnen geht keine Gefahr aus, sie werden keine Revolution anzetteln, um die Buckligen und Hässlichen von den Straßen zu vertreiben.

Von dem Hotelzimmer aus kann ich ein Plakat sehen, das eingeschneit an der Straße steht. Der junge Mann in Unterhosen sieht nicht glücklich aus. Drei Meter daneben ist ein Hotel-Parkplatz mit einem Schild gekennzeichnet, auf dem nur ein Wort steht: »Behindert«.

Dass die Wirklichkeit dem Ideal meist hinterherhinkt, ist ganz gut so, denn die meisten Menschen, vor allem Frauen, ziehen das Schiefe dem künstlich Geraden dann doch vor. Insofern ist auch für mich nicht alles verloren. Das wirkliche Leben findet auf Baustellen statt.

Anregungen kann man sich von der Werbewelt dennoch holen: Unangefochten an vorderster Front ist das Ideal des jugendlichen Helden, körperlich auf der Höhe seiner Kraft. In partieller Nacktheit demonstriert er seine Stärke und hält doch wie Siegfried schon die verletzliche Stelle in die Kamera. Er begegnet einem in den Mode- und Kosmetikanzeigen, also allem, was unmittelbar mit seinem Körper in Berührung kommt.

Im Alter etwas fortgeschritten ist das Modell des solventen Familienversorgers. Ihm rücken die Dinge körperlich nicht mehr zu nahe. Souverän wirbt er für Produkte in seinem unmittelbaren Umfeld, für ein Auto, das Eigenheim. Und dann gibt es noch das Modell des gepflegten älteren Herrn, der gerne auch für die Vermarktung eines Prostata-Mittels oder Vitaminpillen eingesetzt wird. Sein Körper selbst, der nur noch verhüllt gezeigt wird, ist das eigentliche Konsumschlachtfeld. Er kann mit Behinderung zumindest kokettieren: »Der lästige Harndrang«. Zeigen darf er sie natürlich nicht. Eine echte Behinderung wäre auch bei ihm eine Irritation. (Auch die elegant gekleidete Dame aus der Treppenliftwerbung lässt sich nur versuchsweise ein Stockwerk hochschaukeln, nicht weil sie wirklich darauf angewiesen wäre.)

Behinderte Männer sind für die Werbung gänzlich ungeeignet. Dafür sind Behinderte allgemein hervorragende Spendenträger (ist das die Analogie zu Werbeträger?). Man greift dabei gerne auf Kinder mit wehenden Haaren im Gegenlicht zurück oder irgendwie bastelnde oder malende Behinderte ohne Alter. Was sie tragen, spielt kaum eine Rolle, auch nicht, ob sie hübsch sind oder nicht.

Mit Sicherheit haben sie sich nicht selbst gekleidet, sondern wurden angezogen. Vielleicht, wahrscheinlich sogar, steckt gar keine böse Absicht dahinter, sondern nur mangelnder Geschmack des Betreuers. Behinderte wie kleine Kinder in Italien herauszuputzen würde niemand für angemessen halten. Solange sich die Betroffenen damit wohlfühlen, ist das völlig in Ordnung. Niemand muss auf dem Jahrmarkt der Eitelkeiten spazieren gehen, solange er nur für jeden zugänglich ist.

Nur dem Dandy des ausgehenden 19. Jahrhunderts gestand man bisher einen körperlichen Makel zu, einen Spleen zu haben war fester Bestandteil seines Auftritts. Und sei es nur ein Geh- oder Sprachfehler. Der Gehstock gehörte zu seinen Accessoires, selbst wenn er ihn nicht benötigte. Seit er von der Bildfläche verschwand, kam auch der Stock aus der Mode und wurde wieder zum Hilfsmittel heruntergestuft. Manchmal sieht man in den Nachrichten noch einen afrikanischen Diktator mit einem Gehstock herumfuchteln und -schreien, mit einem vergoldeten Knauf. Das sind die traurigen Reste einer mythischen Gestalt und kein Vorbild für mich.

Wenn ich hier noch länger bleibe, werde ich zum Misanthropen. Es ist an der Zeit zurückzukehren. Aber ich muss noch zwei Nächte aushalten. Nur gut, dass ich die Krankheitsgeschichte der Pensionswirtin bereits kenne. Zugutehalten muss ich ihr allerdings, dass sie mir, ohne mit der Wimper zu zucken, abgenommen hat, mein Stock sei die Folge eines verunglückten Hundeschlittenrennens auf Grönland.

3. Dezember

Meine Heimkehr hängt an Tamaras Chef. Lässt er sie früh genug gehen, wird sie die Fahrt zum verschneiten Tegernsee noch einmal auf sich nehmen. Aber nur bei Tageslicht.

Zwei Stunden später ist sie da. Im Auto überschütte ich sie mit Komplimenten, um ihr meine Dankbarkeit zu zeigen für meine Rettung aus dem verschneiten Hotel.

»Liebling«, sagt sie, »jetzt krieg dich wieder ein. Ich hole dich vom Tegernsee ab. Nicht aus Grönland.«

Es gibt kaum eine Freundschaft, die sich nicht unter dem Einfluss meiner Erkrankung weiterentwickelt und vertieft hätte. Dennoch sind sie auch störanfälliger. Ich muss genau aufpassen, wie ich mit wem umgehe. Wer kann beispielsweise damit umgehen, dass es mir »besser« geht, wem tut es gut zu hören, dass mein Zustand stabil ist? Nicht alle ertragen das tägliche Auf und Ab.

Bei Eltern und Schwester reicht ein schwaches Signal: »Mir geht's nicht so gut«, und schon stehen sie auf der Matte. Ein simples »Mir geht's heute nicht so gut« im Sinne von »Scheißwetter, ich hab heute keine Lust auf Arbeiten« verbietet sich von selbst.

Auch Tamara mag Übertreibungen nicht. Außer, es geht um die Verworfenheit von Männern.

4. Dezember

Meiner Freundin Julia ist es unheimlich, wenn ich zu sehr die alte Kraft und Ungeduld zeige. Nicht dass sie mir wünschen würde, dass es mir schlecht geht. Im Gegenteil. Aber sie misstraut jeder Euphorie.

»Jetzt wart's erst mal ab«, sagt sie dann und zieht die Nase auf unnachahmliche Weise hoch. Sie gäbe eine bessere Behinderte ab, glaube ich. Vielleicht rührt ihre Schwermut aber auch daher, dass sie in der Arbeit wieder einmal alles vermurkst hat. Ihrer Meinung nach.

Oft meinen Freunde, sie müssten sich bei mir für die mangelnde Größe ihrer Probleme entschuldigen. Dabei gibt es wohl nichts auf der Welt, was in der Beurteilung weniger von der Perspektive abhängt. Mit Abstand schrumpfen sie, aus der Nähe wachsen sie. Man kann es auch anders sagen: Es gibt keine großen und kleinen Probleme, es gibt nur unterschiedliche Blickwinkel darauf. Und nur wegen einer Behinderung soll ich auf Büroklatsch und Liebeskummer verzichten? Es braucht sich ebenso wenig jemand für seine Gesundheit bei mir zu entschuldigen.

Abstand halten – das müsste auch bei Behinderungen funktionieren. Nur ist es einem als Betroffenem unmöglich, sich aus der Distanz zu betrachten. Für andere Übel reicht oft ein Ortswechsel, um sie wie die Welt beim Abheben eines Flugzeugs wegschrumpfen zu lassen. Nur mit dem eigenen Körper funktioniert das nicht.

Gegen die Schwermut des Alltags hilft oft die Frage, was ich ohne Behinderung anders gemacht hätte. Je unergiebiger die Antwort, desto besser. Heute: Ich hätte ebenso acht Stunden am Schreibtisch verbracht, mit Freunden telefoniert, etwas zum Abendessen zubereitet und wäre ähnlich erschöpft um zwölf eingeschlafen. Keine Mountainbike-Tour durchs Karwendelgebirge, keine durchtanzte Nacht in der Disco, und wäre ich auch nicht auf das Dach der Schule gegenüber geklettert, von dem man einen grandiosen Blick über die Stadt haben muss. – Die Strategie geht nur auf, wenn man die Antworten im Vagen lässt. Genauer betrachtet wäre ich vielleicht mit dem Fahrrad abends zum Weihnachtsmarkt gefahren oder hätte französischen Käse von meiner Lieblingshändlerin auf dem Viktualienmarkt besorgt und bei meiner Cousine, die im vierten Stock wohnt, vorbeigeschaut. All die unmöglichen Kleinigkeiten des verloren gegangenen Alltags.

5. Dezember

Manchmal überfällt mich die Sehnsucht nach einem Krawattenmenschenleben, mit seiner bis zum täglichen Mittagessen mit Kollegen durchgebügelten und gekämmten Normalität.

Eine Behinderung hingegen gilt nicht als Vollzeitstelle. So war mein größter beruflicher Erfolg im ablaufenden Jahr, dass es mich überhaupt noch gibt im Arbeitsleben. Dass ich nicht kapituliert habe, vor Stuttgart, vor den Tagen, an denen Füße und Kopf voller Blei sind.

Aber jenseits der Lohnsteuerkarte bleibt noch immer die Karriere des Ichs, die gemeinhin als die schwierigere gilt – und als die beständigere.

Im Mittelalter gab es die Vorstellung, dass man sich irgendwann zwischen der *vita activa* und der *vita contemplativa* entscheiden muss. Beide Wege führen, nicht zwangsläufig, aber immerhin, zum Heil. Im mönchischen Weltbild verbindet sich mit beiden die Armut. Doch die ist für mich das größte Schreckgespenst.

Armut ist als Behinderung nicht anerkannt, aber wenn sie zur körperlichen Einschränkung dazukommt, wirkt sie wie ein Brennglas. Außerdem kann man sich mit Geld ein Stück weit von der Behinderung freikaufen. Nur ein Stück. Aber Mobilität beispielsweise ist auf perfide Weise gebunden an Geld. Das heißt, ich muss zu Geld kommen.

Ein teuflisch guter Plan. Hätte ich wenigstens etwas Anständiges studiert.

6. Dezember

Auf die tröstliche Hilfskonstruktion, sich jemanden vorzustellen, dem es noch schlechter geht als mir selbst, möchte ich mich sicherheitshalber nicht mehr verlassen. Schon morgen könnte es mir genauso gehen. Das sind die Momente, da ich Querschnittsgelähmte beneide; sie wissen wenigstens, woran sie sind. Ich hingegen habe mir eine heimtückische und rabiate Krankheit mit einem unübersehbaren Verlauf – ja was eigentlich: ausgesucht? Angelacht? Ans Bein gebunden? Der einzige Schlupfwinkel auf der Suche nach tröstlichen Gedanken ist der Gemeinplatz, dass es immer anders kommt, als man denkt. Aber auch diese Weisheit kann sich gegen mich richten.

7. Dezember

Seit dem Brief im Oktober habe ich nichts mehr vom Versorgungsamt gehört. Ich möchte endlich wissen, wie behindert ich von Amtswegen bin. Außerdem bekommt man ab fünfzigprozentiger Behinderung eine Woche Gratisurlaub obendrauf. Ich schreibe der Sachbearbeiterin eine Mail und behaupte, mein Arbeitgeber würde mich täglich nach dem Ausweis fragen. Eigentlich möchten Julia und ich aber im nächsten Frühjahr nach Irland.

8. Dezember

Früher habe ich Freunden, die mehr als sechs Monate über ihre unzumutbare Arbeit oder einen unzumutbaren Partner geklagt haben, geantwortet: »Dann kündige halt.« oder »Dann verlass sie/ihn doch endlich.«

Meine Vorschläge klangen wie abgelesen aus einem Motivations-Ratgeber: vorwärts, vorwärts, ohne Rücksicht auf Verluste. Ein »Ichkannabernicht« ließ ich nicht gelten. Nun habe ich Nachhilfe in Nachsicht bei mir selber genommen und weiß, dass es das wirklich gibt: nicht zu können. Nicht alles ist eine Frage des Wollens. Ich bin dadurch ein guter Ratgeber geworden. Der früher schneidende Intellekt ist stumpfer geworden. Mein Gegenüber hat nicht mehr den Eindruck, dass ich alles besser zu wissen glaube. Es gelingt mir sogar, mich in andere hineinzuversetzen, und ich bin geduldiger geworden. Ganz, wie mir die Bekannte nach der Diagnose prophezeit hatte ... Leicht irritiert über meinen Langmut höre ich mir Doktorvorträge über Generatorengetriebe an, gebe Beratung bei Vorstellungsgesprächen und schreibe Hausarbeiten um. Mit durchaus befriedigendem Erfolg.

Seit dem Sturz im Dezember vorigen Jahres arbeite ich von zu Hause aus. Zunehmend auch als Seelsorger von Freunden angesteuert – und von dem sympathischen Türken des Tengelmann-Lieferservices.

9. Dezember

Darf man über Behinderte lachen? Über Jahrhunderte wurden sie auf Jahrmärkten, bei Kuriositätenshows und im Zirkus ausgestellt und bestaunt: Menschen ohne Rumpf, mit Behaarung, siamesische Zwillinge, Verwachsene, Mongoloide. Und heute Weihnachtsstimmung das ganze Jahr: nur Mitleid und Appelle. Warum sollte sich das Erschrecken über das Deformierte, über das Absonderliche nicht durch Lachen Luft machen? Und wo befriedigt man Lust und Schauder am Missgestalteten? Standardantwort: Natürlich im Fernsehen, Monstrositäten-Shows gibt es genug und genauso viel Wehklagen über die Schamlosigkeit, mit der das Leid ausgestellt wird. Ich habe keinen Fernseher und kann mich deshalb auch nicht aufregen.

Meine Suche nach Behindertenwitzen im Internet stelle ich schnell wieder ein. Die meisten sind nicht komisch. Und in den Foren, in denen dann doch einmal welche hinter vorgehaltenen Emoticons erzählt werden, schließt sich an jeden Witz eine Kaskade an Kommentaren an: Darf man über Behinderte lachen? – Dominik hingegen bekommt sich vor Lachen nicht mehr ein, wenn es ihn mal wieder auf die Schnauze gehauen hat, mich amüsieren meine Füße, die eigensinnig neben statt in den Schuh tapsen und mit beiden Händen zur Raison gebracht werden müssen. Aber darüber dürfen nur die Betroffenen lachen, schließlich schlagen wir uns mit einer Erkrankung herum, die gemeinhin als »ernst« bezeichnet wird.

Um Schimpfwörter steht es nicht besser. Bereits ausgemustert wurden »Krücke« und »Brillenschlange« (»Mein letzter Wille, eine Frau mit Brille«). Auch »Krüppel« ist nicht mehr offiziell im Sprachgebrauch, nachdem es sich die Behindertenbewegung in den Siebzigern angeeignet hat. Die heutzutage halbwegs gebräuchlichen klingen in meinen Ohren allesamt wie niedliche Koseworte: Behindi, Spasti, Mongo, Schizo, Klappsi, Psycho.

Für mich scheint nichts dabei zu sein, außer vielleicht: »Bist du behindert, oder was?« – Gefallen würde mir: Du Prothese! Aber das passt auch nicht richtig. Oder: Du Stock, du nichtsnutziger! – Na ja.

Meine Schwester berichtet, dass unter Jugendlichen im letzten Jahr »Du Opfer« in Mode gewesen sei. Aber es verschwand genauso schnell wieder, wie es kam.

10. Dezember

»Irgendwie komme ich mir langsam blöd vor«, sagt Christian. Er kommt gerade aus der Apotheke mit einer Plastiktüte voller Medikamente gegen seinen Schnupfen.

»Wohin willst du mich heute schicken? Pony-Hof oder Delphin-Therapie?«

Er räuspert sich. »Ich habe mir eigentlich fest vorgenommen, dich in diesem Jahr nicht mehr danach zu fragen. Aber jetzt will ich es doch wissen: Hast du endlich mit der Physiotherapie angefangen?«

Ertappt. Irgendwann musste es rauskommen. Seit einem halben Jahr schon, aber das wird er nie erfahren. Ich nicke.

»Seit gestern.«

»Und?« Er bemüht sich ohne großen Erfolg, nicht zu viel Triumph in seine Stimme zu legen.

»Tut ganz gut«, murmle ich.

»Ach.«

11. Dezember

Um sieben Uhr klingelt das Telefon, sehr weit weg. In einer anderen Welt, in einem anderen Zimmer. Sieben Uhr. Eine Zeit, zu der man nur mit Notfällen konfrontiert wird. Mühsam wanke ich zum Anrufbeantworter:

»Zentrum Bayern Familie und Soziales, guten Morgen. Ich erlasse heute den Bescheid, der morgen mit der Post rausgeht und übermorgen bei Ihnen ist. Ich bedanke mich, auf Wiederhören.«

Ich bedanke mich auch.

12. Dezember

Dass Behinderte zusammenhalten müssen, beweisen schon die vielen Geschichten vom Blinden und dem Lahmen, die einander gute Dienste leisten. Ich bin gerne mit dabei. Auch wenn das Treffen der MS-Männergruppe heute wieder in den Matsch fällt, weil jedem etwas dazwischengekommen ist. (»Männergruppe« ist mein Wort des Jahres.)

Die Banalität des Alltags und der Zwang des Terminkalenders schleifen den dramatischen Einschnitt, der durch die Behinderung verursacht wurde, rasch ab. Spektakulär sind immer nur die ersten Tage nach einem Erdbeben. Dabei sind die sichtbaren Risse in der Existenz oft nicht die gefährlichsten für die Betroffenen, ihre Angehörigen und die Zaungäste. Obwohl man diese Verunsicherung befrieden kann, ihr die Unruhe nehmen, bleibt zeitlebens ein Schaden, der über die körperliche Einschränkung hinausgeht. Ein empfindlicher Fleck in der Seele, im Verhalten, eine unbedachte Äußerung, ein mutwilliger Kratzer von außen, und alles bricht auf. Vielleicht auch, weil sich alle solche Mühe geben. Mühe geben bedeutet Anstrengung. Und Anstrengung Ermüdung.

Keiner weiß, wie *man* damit umgehen soll, jeder kann nur für sich sprechen. Zehn Behinderte haben zehn unterschiedliche Wünsche, Hoffnungen, Meinungen, wie man ihnen begegnen soll: Die einen lehnen Mitleid ab, reagieren schroff auf jede »Extrawurst«, andere genießen die Anteilnahme heimlich oder offen. – Es gibt keinen Königsweg und keinen ohne Steine, auf alle zehn Haltungen muss man sich neu einlassen oder es bleiben lassen.

Die Zeit tut ihr Übriges: Frisch Behinderte verhalten sich anders als langgediente Kollegen, angeborene Behinderungen führen zu anderen Verformungen der Seele als erworbene. Deswegen werde ich nie von »wir« sprechen, so gerne ich es manchmal täte.

Die staatlich beauftrage oberste Behindertensachwalterin Deutschlands habe ich angefragt, was sich in ihren Empfindungen im Umgang mit den vielen Behinderten verändert hätte. Salbungsvoll wie eine schöne Königin bedankte sie sich für mein Schreiben. Ich müsste aber verstehen, dass sie »wegen der Vielzahl von Anfragen« keine Möglichkeit für eine Antwort sähe. Besser, denke ich mir, die Königin der Behinderten wird überschüttet mit Anfragen, Petitionen, Einladungen zu Bällen, als dass sie einsam in ihrem Turmzimmer hockt ...

Sandra, die abgehetzt eine halbe Stunde zu spät zu unserem Treffen – Männergruppe ist dann nächstes Jahr wieder – kommt, meint, ich sollte der Königin einen Strauß Lilien schicken.

»Ich habe keine Zeit für Turteleien«, sage ich. »Ich möchte dieses Jahr meine Pilgerreise vollenden. Von Genua bis Rom auf der Via Francigena, und darüber ein Buch schreiben.«

»Zu Fuß?«, fragt sie entgeistert.

»Klar. Wird mich schon jemand mitnehmen, wenn ich da mit Stock stehe.«

Zwei Stunden lang versucht sie, es mir auszureden, doch mir gefällt der Plan immer besser. Schließlich ist sie beleidigt, als ich ihr gestehe, dass das nur eine meiner Caféhaus-Phantasien war, während ich auf sie gewartet habe. Ich mag Frauen, die sich besorgt über mich aufregen.

13. Dezember

Ich möchte einen Vorschlag zur Definition von Behinderung beisteuern und werde die Königin der Behinderten bitten, diesen an Silvester zu verkünden: Behindert ist man, wenn mindestens sechs Monate in Folge alle lästigen Dinge (Fußnägel schneiden, Socken anziehen, Schuhbänder binden) mehr als fünfmal so lang dauern und viele bisher angenehme Dinge lästig werden. Von Behinderung bedroht ist, wem das Leben schon immer lästig fiel.

Der Postbote klingelt. Anscheinend spürt er, dass er einen besonderen Brief persönlich übergeben muss. Das Versorgungsamt hat sein Versprechen eingelöst. Nun bin ich amtlich schwerbehindert mit unbefristeter Gültigkeit. Ich erfülle »die gesundheitlichen Voraussetzungen für das Merkzeichen G.« G wie erhebliche Beeinträchtigung der Bewegungsfähigkeit im Straßenverkehr. »Sie können damit die derzeitige Schwerbehinderteneigenschaft sowie das Recht auf Inanspruchnahme bestimmter Nachteilsausgleiche nachweisen.«

Mein tägliches Erleben passt so gar nicht mit dieser Behördensprache zusammen. Vielleicht muss ich sie genauso trainieren wie meinen Beckenboden, ganz gemütlich vor- und zurückrollen, wie meine Krankengymnastin sagt. (Richtig erleichtert bin ich, dass ich nicht auf 80 Prozent eingestuft wurde, sondern mit 50 Prozent ganz unten anfange. Trotz meines Ehrgeizes.)

14. Dezember

Ein 16-jähriger Amerikaner, lese ich in der Zeitung, ist der einzige Mensch auf der Welt, der im Rollstuhl von einer Schanze einen Rückwärtssalto hinbekommt. Beim Üben hat er sich sehr oft den Kopf angestoßen, bekennt er. Der Schreiber des Artikels folgert daraus, dass der Amerikaner anderen Behinderten Mut machen wird, den eigenen Alltag besser zu meistern. Er schreibt nicht, bei welcher Übung er sich selbst den Kopf anstößt.

Der Sportler sucht derweil Sponsoren und möchte einen Shop mit Devotionalien von sich im Internet eröffnen. Das ist es, was mir Mut macht: dass da einer aus seiner Behinderung Kapital schlägt. Go on!

15. Dezember

Warum sind mir manche Strategien des Umgangs mit Behinderung so fremd? Die Verdränger sind mir noch die Liebsten, wahrscheinlich gehöre ich dazu: Es kann nur wahr sein, was in meinem Kopf ist. Thorsten ist auch so einer. Er leidet an einer Form des Rheumas, die ihn über kurz oder lang zu einem gebeugten Mann mit Buckel machen wird. Sieht er andere Betroffene, schaut er weg und meidet jeden Ort, wo er ihnen begegnen könnte (nix Männergruppe!). Bis es bei ihm so weit ist, hat er noch genug Zeit, sich damit anzufreunden, meint er. Und wenn er stürbe, ohne sich damit abgefunden zu haben, wäre es auch nicht weiter schlimm.

Die Strebsamen dagegen befolgen penibel jede Anweisung und demonstrieren damit ihren festen Willen, etwas zu tun. Ich habe von einer Patientin gehört, die die Wände ihrer Küche mit Diätplänen dekoriert hat. Jeder Bissen steht unter dem Diktat einer Vorschrift, in der Hoffnung, dass der Dämon sie in Ruhe lässt, wenn sie nur alles richtig macht. Doch das ist nichts für mich: Dafür bin ich zu widerspenstig und habe zu wenig Geduld.

Dann gibt es die, die jede Möglichkeit des Sozialstaats in Anspruch nehmen, manchmal gar nicht, weil sie das Geld oder die Hilfeleistungen wirklich benötigten, sondern im Gefühl, dass die Gesellschaft ihnen gegenüber in der Pflicht steht. Es wirkt wie eine hilflose Bestrafungsaktion, die gegen das Schicksal gerichtet ist, in Ermangelung einer Adresse aber beim Rententräger ankommt.

Am meisten dauern mich jedoch die Sprachlosen, deren Stammeln sich in Wut und Zorn niederschlägt, die sich zu kurz gekommen wähnen und Briefe voller Drohungen verschicken, voller gehässiger Boshaftigkeiten gegen »die da oben«, an Hilfseinrichtungen und andere Institutionen, weil sie sich hintergangen fühlen. Keiner sagt ihnen, dass »die da oben« genauso hilflos sind.

16. Dezember

Einer Bekannten erzähle ich geschmeichelt von einem Kommilitonen, der mich nach fünfzehn Jahren aufgrund eines Fotos im Internet wiedererkannt hat.

Sie sagt: »Na, dem wirst du wegen deines Stocks im Gedächtnis hängen geblieben sein.«

Es liegt mir viel daran, ihr klarzumachen, dass ich bis vor einem Jahr überhaupt – ich sage tatsächlich »überhaupt« – keinen Stock gebraucht hätte. Sie nickt, kann es sich aber nicht recht vorstellen, schließlich haben wir uns erst vor ein paar Monaten kennen gelernt.

Die Tatsache, dass es inzwischen Menschen gibt, die mich nur behindert kennen, macht mir bewusst, dass ich es tatsächlich bin.

Der Kommilitone jedenfalls hatte über gemeinsame Studienfreunde bereits von meinem Schicksal gehört, als ich ihn traf. Daraufhin erwartete er sich einen gebrochenen Mann. Keinen, der ihm von einem Dutzend Schreibideen erzählt. Keinen, für den Behinderung im Café auf Anekdoten zusammenschnurrt. Dass es mir alles in allem – abzüglich der durch die Krankheit verhagelten Tage – besser geht als vor Jahren, wollte er nur als Tageslaune durchgehen lassen. Dass ich mehr in mir ruhe, leuchtete ihm noch ein wegen der Läuterung durch die Krankheit, aber nicht, dass Risse in der Existenz das durchschnittliche Glücksniveau nur vorübergehend absenken.

17. Dezember

Die Wirklichkeit des Versorgungsamtes Schrägstrich Zentrum Bayern Familie und Soziales ist viel gemütlicher als alle meine kafkaesken Phantasien. Es ist mit seinem verblichenen Behördencharme hervorragend gegen die Katastrophen des Lebens gewappnet. Die Dame am Empfang – mit Bandscheibenvorfall, wie sie mir sofort erklärt –

macht ein so erschrecktes Gesicht über meine Diagnose, als wäre ich der erste leibhaftige Behinderte in ihrem Leben. Sie hinkt mir sogar nach, um mir alles Gute zu wünschen, wobei sie mindestens zehn Mal »Mei o mei« sagt.

Im Wartezimmer sind die Fensterbänke vollgestellt mit schwerstbehinderten Büropflanzen, aus dem Büro des Sachbearbeiters schallt Schlagermusik. Nach einer halben Minute ist alles vorbei: Bild eingeklebt, Stempel draufgeknallt, auf Wiederschaun. Was habe ich mir erwartet? Den Walkürenritt und ein Monokel statt Herzilein und Bandscheibenvorfall? Es ist gut so, dass es oft ein paar Nummern kleiner ausfällt, das Leben. Auf dem Gang falte ich den Ausweis zusammen und stecke ihn zum Führerschein in den Geldbeutel. Das größte Wort darauf ist »unbefristet«, daumennagelgroß und tiefschwarz. Unbefristet heißt lebenslänglich, nicht wahr?

Angesichts der Weihnachtsdekoration in der Apotheke an der Ecke neben dem Amt frage ich mich, wie es in Himmel und Hölle wohl um meinesgleichen bestellt sein mag. Antifalten-Crèmes sind auch zwischen himmlischen Schneelandschaften und Lametta am rechten Ort, aber wie steht es mit meinem Stock? Kann ich im Himmel wieder laufen, oder hinke ich in der Hölle noch viel mehr?

Heine reimte zu der Frage munter drauflos: »Nichts ist vollkommen hier auf dieser Welt. / Der Rose ist der Stachel beigesellt; / Ich glaube gar, die lieben holden Engel / Im Himmel droben sind nicht ohne Mängel.«

Die Antwort auf meine wohl nicht endgültig zu beantwortende Frage betrifft auch mein Leben auf Erden, sie lautet nämlich: Gehört die Behinderung zu mir, ist sie Teil meiner Identität geworden? Vielleicht bewegt sie sich, wie bei den meisten spannenden Fragen, irgendwo im Sowohl-als-auch. Für Nein spricht: Wenn ich morgen wieder laufen könnte, würde ich meine Behinderung nach einer Phase des Staunens wohl nicht vermissen. Für Ja spricht, wie es im Lied heißt: »I am what I am« – weder ich, noch jeder andere, der mich kennt, wird diese Behinderung von mir komplett abziehen können. Ich bin eben der Typ mit dem Stock (und den sanften Augen).

Deswegen würde ich gerne eine neue Kategorie einführen: »bis auf Widerruf«, eine Art Rückgaberecht. Die Behinderung gehört zu mir bis auf Widerruf, trotz des unbefristet gültigen Behindertenausweises.

Nur in meinen Träumen bin ich nie behindert. Während mein Körper schläft, laufe ich herum, steige Treppen rauf und runter, springe von Dachkanten und lande sicher auf beiden Füßen.

18. Dezember

Die Bordsteinkante, die den Gehsteig vor der Haustür von der Hofzufahrt trennt, ist sieben Zentimeter hoch. Jede Stufe ohne Geländer ist eine Herausforderung und verlangt höchste Konzentration.

Die Haustür zu dem Haus aus den Sechzigern ist schwer, aber ich habe inzwischen eine Technik entwickelt, sie mit der Schulter aufzustemmen und mit dem Stock zu fixieren. Die sechs Stufen zur Wohnungstür sind 28 Zentimeter tief, 17 hoch und 123 breit, so dass ich mich an schlechten Tagen zwischen Geländer und Wand mit ausgestreckten Armen einklemmen kann.

Links neben der Wohnungstür ist mein Schlafzimmer. Wenn ich taumle, halte ich mich an einem kleinen Tischchen fest oder am Fensterbrett. Manchmal lasse ich mich mit einer Drehung aufs Bett fallen. Dabei ertappe ich ein streberhaftes Kommandozentrum in meinem Gehirn, das Stürze bereits vorausberechnet, wenn ich erst schwanke. Ich sehe mich dann bereits fallen und überschlage den Schaden – Hinterkopf schlägt gegen Wand oder Ähnliches. Nur in der Minderzahl der Fälle würde ein Sturz glimpflich ausgehen. Vielleicht dramatisiert mein Gehirn auch.

Vom Schlafzimmer zum Bad sind es zwei Dutzend Schritte, ich stütze mich dabei an der Flurwand ab, die inzwischen fleckig ist wie die Heiligenstatue in einer Wallfahrtskirche.

Meine Wahrnehmung von Räumen hat sich verändert, ist viel körperlicher geworden. Jedes Zimmer nehme ich über Distanzen und Bodenbeschaffenheit wahr. Und wo mir früher immer alles zu eng war und zu klein, ist es mir heute zu weit und zu groß.

19. Dezember

»Geht es Ihnen gut? Wenn das in Ihrem Zustand überhaupt möglich ist.«

Eigentlich mag ich meinen Kollegen. Solange er keine dümmlichen Fragen stellt. Er hüstelt.

»Ich fühle mich Ihnen gegenüber so unsicher.«

»Wie schön, dann wissen Sie ja jetzt, wie ich mich auf einer Treppe fühle.«

Wie in einem Spiegel bekomme ich die Behinderung in der Unsicherheit meines Gegenübers gezeigt. Meiner körperlichen Ohnmacht begegnen viele mit Verhaltens-Ohnmacht, die mich unvermittelt zum Starken macht. Die Gesamtbilanz ist ausgeglichen.

Für ihre mustergültigen Umgangsformen mit Behinderungen sind die Briten bekannt. Sie haben eine entspannte Art, jeden und alles einzubeziehen. Seien es mangelnde Sprachkenntnisse (für die man auch noch gelobt wird) oder eben eine Behinderung. Konversation braucht ein Stück weit Unverbindlichkeit, gerade bei so verbindlichen Themen wie körperlichen Unzulänglichkeiten. Wenn es sich ergibt, spricht man darüber, aber man kann das Thema auch wieder wechseln.

20. Dezember

Die Zeitungen quellen über mit vorweihnachtlichen Geschichten über tapfere Behinderte. Ich brauche einen ganzen Vormittag im Café, um sie zu studieren: Die Lahmen können mit Prothesen wieder gehen, die Hilflosen werden von opferbereiten Pflegekräften wieder aufgerichtet, die Tauben können mit einem High-Tech-Implantat wieder hören. Es sind Variationen längst bekannter Wundergeschichten, für den heutigen Leser glaubwürdig gemacht mit den Segnungen der Medizin und des Sozialstaats. Manchmal klebt Marmelade am Rand der Zeitung.

Es ist kein Zufall, dass diese Geschichten in ihrer Dramaturgie den biblischen Wunderheilungen ähneln; doch das Wunder kann in einer durch und durch zweifelnden Welt kein vollkommenes sein. Der Gelähmte kann nicht aufstehen und mit seiner Bahre nach Hause gehen, weil er sonst alles in Frage stellen würde, den gesamten Glauben an Nerven, Synapsen und elektrische Reizleitungen. Er kann aber, aufgerichtet durch die Macht der Liebe (in keinem Artikel fehlt der Hinweis auf eine stärkende Beziehung), den täglichen Kampf mit dem Leben erfolgreich meistern. Auch die Frau des Afghanistan-Veterans sitzt bei jedem Interview Händchen haltend mit auf dem Sofa.

Immer sind es Kämpfe, die mit den schweren Waffen des Willens ausgefochten werden. Doch die Rolle des Wunderheilers bleibt unbesetzt. Die anderen hingegen, die Zuschauer, die das Wunder beglaubigen durch anfänglichen Zweifel und schließlich überzeugt den Kopf schütteln (»die Ärzte konnten es kaum glauben, dass ...«), tauchen in jedem Bericht auf.

Um die Katastrophe zu sehen, muss die Fallhöhe möglichst groß sein: Das Glück vorher immens, das Unglück mit der Behinderung oder Krankheit ein Abgrund, in den man schaudernd hineinsieht, ohne den Grund erkennen zu können. Aber dann nimmt der Behinderte/Kranke die Herausforderung an und ...

Das Bedürfnis nach Geschichten ist groß: Am leichtesten sind noch die Erwartungen des Arztes zu erfüllen. Er sehnt sich nach einer eindeutigen Symptomgeschichte mit klarem Beginn, lehrbuchmäßigem Verlauf und vorhersagbarem Ende. Sie kann eine eigenwillige Wendung nehmen, prägnante Charaktere und Nebenschauplätze haben, solange die Haupthandlung klar ersichtlich ist.

Freunde möchten um jeden Preis eine Geschichte mit einem täglichen Happy End hören, und die Zaungäste die des Tapferen, der entweder siegreich aus der Schlacht gegen seinen Körper hervor- oder untergeht.

Manchmal verwechsle ich die Zuhörer. Man muss verdammt aufpassen, jedem das zu erzählen, was er zum Einschlafen braucht, während ich mich mit der anderen Gehirnhälfte bemühe, ohne größere Verluste von Heute nach Morgen zu kommen.

21. Dezember

Die meisten Sorgen machen mir diejenigen Gesunden mit paranoider Angst vor Behinderung und Krankheit. All die Hypochonder und Gesundheitsapostel, wer kümmert sich um die? Patienten, die sich manisch für gesund halten, sind auch krank.

Die Geschichten über Kranke und Behinderte sind für sie und ihre Ängste. Es sind Märchen für diejenigen, die sich von der Nacht bedroht fühlen. Auch Ärzte haben Angst vor der Krankheit, vor dem Tod, manche vielleicht sogar noch mehr als andere. Ich will ihnen den Trost dieser Geschichten nicht nehmen. Als Behinderter brauche ich diese Leute. Jeder soll hören, was ihm hilft in der Not. Deswegen kommt es ja auch alle Jahre wieder, das Christuskind.

22. Dezember

Vom Weihnachtsmarkt am Sendlinger Tor bin ich jäh aufgebrochen, da ich mit Eisklumpenfüßen nicht mehr stehen konnte, herausgerissen aus dem Kreis der Freunde mit dampfenden Glühweintassen in der Hand und glitzernden Augen, meine Beine schwer und fühllos von einer halben Tasse Wärme im Bauch. Zum Taxi geschleppt von Christian wie ein Sack Mehl.

Das ist für Minuten, im Mantel daheim wimmernd auf dem Bett, wie sterben müssen.

Eine Viertelstunde später fühlt es sich an wie verlassen werden, dann wie arbeitslos sein. Eine Stunde später wie eine Begegnung mit einem unangenehmen Menschen, am nächsten Tag wird es sein wie ein Alptraum, den man unwirsch beiseitewischt. An Heiligabend werde ich meinen Eltern mit größter Selbstverständlichkeit erzählen, dass ich auf dem Weihnachtsmarkt war.

23. Dezember

Johanna lernt heimlich seit anderthalb Jahren Gitarre spielen. Sie hat es bisher niemandem erzählt, weil sie sich schämt, als bald Vierzigjährige mit einem Instrument zu beginnen. Nicht einmal ihre Eltern wissen es. Ein halbes Jahr Blockflötenunterricht bringt sie als Grundlage mit, mehr nicht. Nicht einmal Noten lesen konnte sie zu Beginn. Inzwischen gelingen ihr immerhin ein paar Akkorde. Unwillkürlich flüstern wir. Sie ist froh, dass ihre Mitbewohnerin erst spät am Abend heimkommt, dann kann sie nach der Arbeit noch eine halbe Stunde üben. An guten Tagen, und nach einem Glas Wein, begleitet sie sich zu ›Blowin' in the Wind‹ ganz effektvoll. Eines Tages wird sie es mir vorführen. Vielleicht. Ihre rauchige Stimme passt dazu jedenfalls perfekt, findet sie.

»Man muss eben Opfer bringen, wenn man es zu etwas bringen will.« Trotzdem ärgert sie sich, dass ihre Finger nicht so wollen wie sie, dass das alles viel länger dauert als gedacht. Schließlich möchte sie nur Musik machen. Kein Konzert geben und auch keine Preise dafür bekommen.

Die spärlichen Fortschritte erkennen nur ihr Lehrer und sie selbst. Er macht ihr immer wieder Komplimente dafür, aber denen traut sie nicht. Gestern hat ihre Mitbewohnerin sie gefragt, ob sie mit dem Unterricht schon wieder aufgehört hätte.

»Dabei sah zu Beginn alles so einfach aus.« Gedankenverloren zündet Johanna sich eine Zigarette an.

»Ich weiß«, sage ich in den Rauch. »Ich weiß. Spiel ›Leise rieselt der Schnee‹ für mich, Baby!«

»Lieber tot als Weihnachtslieder.«

8. Juli, vor vier Jahren

Ich stehe am Fenster eines Landgasthofes am Starnberger See. Draußen regnet und stürmt es aus einem undurchdringlichen Grau. Wenn es nicht bald aufhört, werden meine Schuhe nach fünf Kilometern durchgeweicht sein, wie schon die ganzen letzten Tage. Ein verregneter Sommer, geht mir durch den Kopf. Weiter denke ich nicht. Seit sieben Wochen bin ich nun unterwegs, mit meinem Rucksack, meinen Gehstöcken und dem zusammenfaltbaren Hut. Ende April, es muss kurz nach Ostern gewesen sein, hatte ich in einer Kneipe die Eingebung, nach Rom zu laufen.

»Ich gehe nach Rom«, sagte ich zu einer Freundin.

»Ich komme mit«, antwortete sie, konnte ihr Versprechen aber letztendlich nicht einlösen wegen unaufschiebbarer Verpflichtungen. Also wollte ich alleine aufbrechen, weniger aus religiöser Leidenschaft denn aus einem Taugenichts-Drang, in die Welt zu ziehen. Merkwürdigerweise fand ich für mein Vorhaben mehr Unterstützung als

für meine sonstigen Ideen und Projekte, ich hatte Ratgeber und einen einsichtigen Arbeitgeber, der mich ohne Diskussion freistellte.

Bevor ich mich versah, hatte sich der Plan verselbständigt, und so stand ich Mitte Mai vor meiner Stuttgarter Wohnung und händigte den Schlüssel einem Freund aus. Frei, ohne Handy, lief ich los, Richtung Süden. Die erste Woche führte mich an den Bodensee, ohne besondere Vorkommnisse, nach dem qualvollen ersten Tag, an dem ich mich übernommen hatte und über fünfzig Kilometer – mit ein paar Umwegen – nach Tübingen marschiert war. In der Schweiz begann es zu regnen, richtig zu regnen, tagelang. Ich folgte dem Jakobsweg bis Maria Einsiedeln und erreichte beim Gotthard endlich Italien. Dort herrschte vierzig Grad Hitze, und es gab keine Wege für mich, also lief ich auf dem Seitenstreifen der schnurgeraden Straßen in der Po-Ebene, alle paar Sekunden den Lastwagen ausweichend. Bis meine Füße streikten und alle Blasen gleichzeitig vor einer Dorfbäckerei zu bluten begannen. Ich hockte mich auf den Bürgersteig und ließ einen Beerdigungszug passieren, bei dem alle Trauernden, nur uralte Menschen, in Weiß gekleidet waren. Auf der Häuserwand gegenüber fand ich die passende Todesanzeige. Es war ein Zunftzug für ein neunzigjähriges Mitglied der Innung (vielleicht auch eine Erfindung von mir, ich spreche kein Italienisch). Da überfiel mich eine Sehnsucht nach dem Meer. Also änderte ich die Richtung: lief nach Genua, um dort eine Fähre nach Sizilien zu besteigen, sah Palermo, die Leichen in der Kapuzinergruft und fuhr mit der nächsten Fähre in die Ewige Stadt.

In Rom wanderte ich an einem Tag alle sieben Pilgerkirchen ab, wie es seit dem Mittelalter Brauch ist, für ei-

nen Sündenablass. Nur St. Peter habe ich nicht betreten, sondern bin auf der Schwelle umgekehrt. Ich spürte, dass meine Wanderschaft noch nicht zu Ende war, dass es zu früh sei, sie damit zu beschließen. Die Stadt war mir zu voll. Ich hatte Sehnsucht nach den Bergen und fuhr mit dem Zug zum Brenner, um von dort nach München zu laufen. Eine eigenwillige Pilger-Reise, geführt von Zeichen am Wegrand. Mein Weg.

Ich stehe immer noch am Fenster, sehe in den Regen und das undurchdringliche Grau über dem Starnberger See, nehme ihn wahr, aber ärgere mich nicht über ihn (obwohl nasse Schuhe Blasen bedeuten und Blasen Schmerzen), wie ich das zu Beginn der Wanderschaft noch getan habe. Ich bin ohne jede innere Regung. Zwei, drei Wochen länger vogelfrei, und ich würde nicht mehr nach Hause zurückkehren. Das spüre ich.

Alles läuft in diesen unscheinbaren Moment zusammen, er ist die Erfüllung von vielen hundert Kilometern, die ich gewandert bin. Durchdrungen von einer Gelassenheit, die ich für immer behalten möchte, und doch im Wissen, dies nicht zu können. Aber immerhin weiß ich, wie es sich anfühlt, das Stückchen Erleuchtung. Man muss es wohl so nennen. Wie alle Sensationen des Lebens, ganz beiläufig.

24. Dezember

Es weihnachtet. Im Nebenzimmer hört sich meine Schwester geduldig die Geschichten von früher an. Ich würde gern in die Christmette gehen. Vor mir liegen wie in einem Baukasten die Bestandteile eines Kondom-Urinals. Eigentlich eine geniale Erfindung, zumindest für Männer. Vor einem

Pissoir stehend frage ich mich oft, wie Frauen das machen, die im Notfall nicht hinter den nächsten Baum verschwinden können, oder doch?

Und praktisch ist so ein Urinal, sagte der Urologe: Kondom übergezogen, Katheterbeutel angeschlossen und an den Unterschenkel gebunden. Fertig. Zumindest in der Theorie und auf der mehrsprachigen Gebrauchsanweisung. Vielleicht hätte mich deren Umfang stutzig machen sollen. Die Schwierigkeiten beginnen damit, ein selbstklebendes Kondom über einen wegschrumpfenden Penis zu streifen. Normalerweise verlieren Kondome genau in dieser Situation ihre Daseinsberechtigung. Doch die Aufgabe ist zu bewältigen, mit sanfter Gewalt und einer ausreichenden Portion Selbstironie.

Beim ersten Versuch hatte sich beim Gehen die Verankerung ums Bein gelöst, der Beutel rutschte aus der Hose und ich trat drauf. Beim zweiten lösten sich die Steckverbindungen. Hätte ich das Ganze mit Tesafilm zusammenkleben sollen? Während einer Hochzeit musste ich die Flurschäden eines solchen Rohrbruches beseitigen. Als Braut und Bräutigam mit den Gästen vor dem Kirchenportal anstießen, blieb mir als einziger Fluchtweg der Friedhof. Zwischen den Gräbern versuchte ich, zitternd und um Gleichgewicht – diesmal vor allem emotionales – bemüht, mich wieder gesellschaftsfähig zu machen. Bei manchen Missgeschicken gibt es keine Hilfe; die Scham auf allen Seiten verbietet sie. Die Christmette wird besser ohne mich stattfinden.

»Glaube, Hoffnung, Liebe, diese drei – aber die größte unter ihnen ist die Liebe.«

Das hatte ich während der Trauung vorgetragen. Die Liebe: Das schließt auch, so wurde mir schmerzvoll bewusst, die Liebe zu sich selbst ein. Auch wenn es schwerfiel, verdammt schwer in diesem Moment.

25. Dezember

Was gibt man über sich preis? In welchen Zimmern seines Lebens hält man sich mit Freunden auf? Im Salon, wo alles geordnet ist und für Besucher bereit? Oder zeigt man das ungemachte Bett? Oder führt man sie nach einem Rundgang in die Küche?

Früher habe ich alles von mir gezeigt, heute ist zumindest die Abstellkammer mit den Hilfsmitteln, den Krücken, Schienen, Einlagen und so fort tabu. – Ein Schloss braucht es keines, denn meine Gäste beschreiben darum von selbst einen Bogen.

26. Dezember

Es fällt mir leichter als früher, mich nur mit Menschen zu umgeben, die mir guttun. Sehr beruhigend ist die Erfahrung, dass es davon ausreichend viele gibt. Verloren habe ich auf diesem Weg all die, an denen ich auch schon vorher gezweifelt habe. Da wirkte die Behinderung wie ein Katalysator. Inzwischen spüre ich schnell, ob der Traubensaft einer Bekanntschaft zu Essig oder Wein heranreift.

Leider habe ich in den beiden Jahren einige Male erleben müssen, dass bei manchen Menschen der Kampf mit den Dämonen der Angst so viel Energie band, dass keine mehr für Anstand und die Einhaltung von Umgangsformen übrig blieb. Mit diesen Leuten verbindet mich eine dauerhafte und ausdrückliche Abneigung. Ich wünsche ihnen, dass sie jedes Mal erröten, wenn sie einen Rentner mit Stock sehen.

27. Dezember

Richard III., eine Missgestalt. Mephisto, hinkend. Auch die Bösewichte bei James Bond haben meist eine körperliche Auffälligkeit, und sei es nur ein Sprachfehler oder ein zuckendes Auge. – Ein Schurke ohne Behinderung bleibt Mittelmaß. Im Film und im richtigen Leben. Die echten, die ganz Großen der Weltgeschichte sind oft versehrt, angeschlagen, verwachsen, sie sind Ausgestoßene, Kriegsversehrte, kleinwüchsig wie Napoleon oder parkinsonkrank und impotent wie Hitler (behauptet Julia, würde aber gut passen). Und selbst die mittelgroßen wie Wilhelm II. haben wenigstens einen verkrüppelten Arm zu verstecken. Es gibt kaum einen, der es als Diktator zu etwas gebracht hat ohne Behinderung. Für die nachfolgenden Generationen gilt diese dann als das Ventil des Bösen, während sie von den Zeitgenossen bei Todesstrafe ignoriert werden muss.

Hexen und Zauberer, je böser sie werden, desto mehr schlägt es sich in ihrem Aussehen nieder, desto verkrüppelter, missgestalteter und rothaariger sind sie. Die Behinderung ist der körperliche Ausdruck des Bösen. Wieder muss also die Sünde herhalten. Sie gräbt sich wie das Laster bei Dorian Gray ins Gesicht ein.

Es gibt bedauerlicherweise keine Statistiken über verurteilte behinderte Straftäter, nur den Verdacht, dass deren Anzahl steigt. Dieser Anstieg dürfte aber wohl mehr damit zu tun haben, dass es erst in jüngster Zeit Vollzugsanstalten gibt, die behindertengerecht ausgestattet sind. Früher kamen diese Kriminellen oft ohne Inhaftierung davon, weil sie als nicht haftfähig galten.

Besonders lukrativ wäre ein Mitwirken in der Drogenszene, denn Behinderte werden an Grenzen oftmals weniger sorgfältig untersucht. Tröstlich dürfte für einen überführten Straftäter sein, dass die Verurteilungen sich bei Behinderten am unteren Ende des juristisch Möglichen bewegen. Interessehalber erkundige ich mich bei meinem befreundeten Richter nach den Karriereaussichten für behinderte Verbrecher.

Seine Antwort:

»Ich habe kürzlich mit einem Kollegen gesprochen. Er erzählt, dass er sich nur an ganz wenige körperlich behinderte Straftäter erinnern könne. Er schätzt die Zahl auf etwa vier bis fünf von insgesamt 800 Tätern. Meist hatten sie Drogen- oder Altersbehinderungen. Er erinnerte sich an einen Taubstummen, der von anderen Personen zu Diebstählen eingesetzt wurde, von Leuten also, die sich gezielt seiner Behinderung bedient hatten. Mein Kollege sprach ihn damals von einem Teil der Vorwürfe frei, weil er wohl meinte, der Taubstumme habe nicht aus eigenem Antrieb und für sich gestohlen, sondern sei so in etwa ›missbraucht‹ worden zur Begehung der Straftaten. Sein Urteil ist aber in der zweiten Instanz (ich finde: zu Recht) aufgehoben worden. Außerdem erinnerte er sich an einen älteren Mann, der aus irgendwelchen Gründen dauerhaft hinkte. Der Mann habe ›gestohlen wie ein Rabe‹ und sollte zu einer Freiheitsstrafe ohne Bewährung verurteilt werden. Dagegen hatte er (erfolglos) eingewandt, dass von ihm keine künftige Gefahr weiterer Diebstähle ausgehe (wichtig für positive Prognose bei Entscheidung über die

Aussetzung der Vollstreckung einer Freiheitsstrafe zur Bewährung), weil er ja hinke und daher nicht mehr flüchten könne, oder so.

Bei dem Gespräch ist mir eingefallen, dass ich auch mal einen taubstummen Angeklagten hatte. Da ging es um einen verzwickten Fall, eine Vergewaltigung zwischen gehörlosen Jugendlichen, die – wenn ich mich recht erinnere – gemeinsam in einer Wohngruppe lebten. Ich weiß nicht, ob Dir das weiterhilft. Wenn Du noch irgendwas Konkretes wissen willst, wäre so eine Art Fragenkatalog hilfreich.«

Auch bei Behinderten gibt es aber nicht nur böse, sondern auch ein paar gute. Diese haben *trotz* ihrer Behinderung Erfolg: der gelähmte Minister, der Sänger mit Contergan-Schaden, der verunglückte Spitzensportler. Sie tun mit ihrer Behinderung niemandem etwas zuleide. Wenn einer von ihnen einmal einen schlechten Tag hat oder eine überflüssige Sicherheitsidee, weiß man, woher es kommt: Der Arme kann sich nicht einmal in seinem versehrten Körper sicher fühlen. Die bösen jedoch sind *wegen* ihrer Behinderung böse. Behinderungen lassen sich wunderbar moralisch instrumentalisieren. In jedem Batman-Film macht ein verunglücktes Experiment am eigenen Leib humane Wissenschaftler zu behinderten Monstern. Dabei ist es immer ein *wegen-und-trotz*.

»Wegen« und »trotz« sind nach der Statistik mit die häufigsten Fügungen mit dem Wort »Behinderung«, haben Sprachwissenschaftler herausgefunden.

Moral und Krankheit hängen untrennbar miteinander zusammen. wie ich seit meiner Bibel-Exegese weiß. Selbst Jesus wollte den Gelähmten nicht heilen, ohne dessen Sünden zu vergeben.

28. Dezember

Wenn ich heute berufsunfähig würde, wozu oft nicht viel fehlt, ein falscher Schritt oder ein neuer Anschlag im Gehirn, würde ich 466 Euro Rente bekommen. So steht es in dem Bescheid. Das reicht genau für meine Miete. Doch wenn ich berufsunfähig würde, müsste ich auch ausziehen, wegen der sechs Stufen zu der Wohnung. Dann wäre ich wieder 466 Euro im Plus. Man kann sich alles schönrechnen.

Aber dann? Ich könnte nicht einmal auf den Strich gehen, auch nicht kellnern oder schwarz putzen. Stattdessen könnte ich Mafia-Boss werden, in einer Garage sitzen mit einer Sonnenbrille auf der Nase und mit einem Finger poetische und schwer zu entschlüsselnde Mordaufträge in die Schreibmaschine hacken.

29. Dezember

In der Öffentlichkeit fällt es vielen schwer, über Behinderung in Zimmerlautstärke zu sprechen. Entweder wird die Stimme zum Flüstern gesenkt oder zu Kanzellautstärke erhoben und dieser getragene Tonfall angestimmt, auf den ich sofort allergisch reagiere. In der Kneipe eben musste ich, befragt nach meinem Wohlergehen, gegen Tina Turners ›You're simply the best‹ anschreien, das schuf eine ziemlich resistente Umgebung.

Behinderungen setzen Energien frei. Obwohl viel zu viel davon für die Bewältigung der körperlichen Einschränkung draufgeht, bleibt genug übrig, wenn man nur vorsichtig damit umgeht: und wenn es nur ein neuer, anderer Blick auf die Welt ist. Ich möchte meine Augen aufreißen und offen halten, solange es geht, den Kopf erhoben, mit geschärftem Blick auf die Berge und diese zerbröselnde und sich ständig neu zusammensetzende Welt, solange mein Herz schlägt.

Es wird zwar gebetsmühlenartig behauptet, dass Krankheit zum Leben gehört, aber wenn das so ist, sollte man auf das Beerdigungstimbre verzichten. Sonst hat es immer etwas von Pfarrfest und Wohltätigkeitstombola. Behinderungen sind Hindernisse, die man besser vermeidet und wenn sie unumgehbar sind, mit größtmöglicher Eleganz und minimaler Anstrengung meistern sollte, ihnen gerade so viel Aufmerksamkeit zukommen lassend wie nötig. Wenn man die Sache selbst schon nicht ändern kann, so lässt sich wenigstens bestimmen, wie man über diesen Dämon spricht. Der ohne seinen Tarnanzug genauso erbärmlich aussieht wie jeder andere Dämon auch.

Um Behinderung als das zu nehmen, was sie ist: eine lebenslange, mit meinen Freunden, Familie, Nachbarn und zufälligen Bekannten gemeinsam unternommene Anstrengung – und glücklich.

30. Dezember

Mir ist beim Schreiben dieses Tagebuchs eines klar geworden. Es geht darum, nicht *mit*, sondern *in* den Widersprüchen meiner Existenz zu leben. Also weder krampfhaft zu versuchen, diese aufzulösen, noch gegeneinander aufzurechnen. Das bedeutet, ein Leben in Extremen zu akzeptieren: dass ich heute über meine Behinderung lache und morgen deswegen heule, dass ich gleichermaßen durch sie gewinne wie verliere, dass sie Teil von mir ist und gleichzeitig nicht, dass ich bei anderen mit meiner Stärke auf Schwäche stoße und mit meiner Schwäche auf Stärke – und dass ich meinem Dämon den Tarnanzug herunterreiße bei der einen Gelegenheit und ihn zwinge, ihn zu tragen bei einer anderen.

31. Dezember

Wann bin ich zum letzten Mal nicht alleine aufgewacht?

Wann habe ich zum letzten Mal für jemanden das Frühstück gemacht?

Wann habe ich zum letzten Mal gesagt, nicht jetzt?

Ich kann mich nicht erinnern.

Seit einem halben Jahr habe ich keine Berührung mehr erlebt. Nur flüchtige Umarmungen unter Freunden. Wenn ich im Kino ein sich küssendes Paar sehe, schließe ich die Augen.

Das scheint das Problem zu sein. Manches verschwindet aus dem Bewusstsein, und ich merke es nicht einmal. Antonia hat sich immer noch nicht gemeldet.

Selbstverdrossenheit ist nicht mit Selbstmitleid zu verwechseln. Ersteres gilt als ziemlich langweilig, Letzteres ist in Maßen sogar erwünscht. Sonst gilt man schnell als erbarmungslos mit sich selbst. Aber selbst das Selbstmitleid hat seine Grenzen, und die werden wie so vieles durch Sexualität markiert. Wenn ich sage: Natürlich habe ich als Behinderter keinen Sex mehr, fordert mich Christian auf, mich nicht so gehen zu lassen. Beim Sex hört das Mitleid auf. Über alles darf ein Mann jammern auf der Welt, nur darüber nicht. Das ist nicht männlich.

Nächstes Jahr habe ich, wegen des Schaltjahres, sogar einen Tag mehr Zeit, dem Notstand abzuhelfen. Und wenn ich dann ausnahmsweise einen Tag nicht mit jemandem im Bett liege, werde ich alle Wunderheiler in Stadt und Erdkreis abklappern. Vielleicht mache ich sogar eine Hippotherapie.

Ein Pferd! ein Pferd! mein Königreich für'n Pferd!

NEUJAHR

Steh auf, nimm deine Tragbahre, und geh nach Hause!
Der Mann stand sofort auf, nahm seine Tragbahre
und ging vor aller Augen weg.

MARKUS, 2, 11-12

Nach der Silvesterparty, betrunken

Wenn es nach mir geht, kaufe ich morgen ein Zirkuszelt und ziehe mit meiner Freak-Show durch die Lande und bis ins benachbarte Ausland. Mit Christian als skeptischem Platzanweiser und Harald als Zahlenjongleur. Julia sitzt an der Kasse und verteilt Freikarten an Kinder und andere Behinderte. Johanna leitet das Mandolinenorchester. Meine Schwester führt eine Nummer mit der Maus aus dem Garten auf. – Alle sind mit von der Partie, keiner bleibt zurück.

Vor der letzten Clowns-Nummer habe ich als Zirkusdirektor meinen großen Auftritt durch ein Loch in der Kuppel. Ich werde auf einem fliegenden Teppich von vier Trapezkünstlern heruntergelassen und singe dabei ›Somewhere over the rainbow‹. Reihenweise fallen junge Damen in Ohnmacht, und ältere vermachen mir rollstuhlgerechte Yachten an der Côte d'Azur. Wenn ich dann der reichste Behinderte der Welt bin, kaufe ich alle Dämonen und lasse sie für mich tanzen.

Während des Neujahrskonzerts, euphorisch

Ein Grundrecht des Menschen ist das auf Dankbarkeit. Wer sich bedankt, übt den aufrechten Gang, auch im Liegen oder Sitzen. Wer sich bedankt, hat akzeptiert, dass es ohne fremde Hilfe nicht geht.

Ich möchte von diesem Recht so viel Gebrauch machen, wie gerade noch anständig ist. Nicht unterwürfig, sondern mit geradem Rücken und in der Hoffnung, etwas zurückgeben zu können, auf meine Art. Denn ein Danksagender ist kein Bittsteller.

Ich bin jedem Passanten dankbar, der mir auf einer überfüllten Straße ausweicht, der mir die Tür aufhält. Jeder Bar-Bekanntschaft, die Anteil nimmt, einen Arm reicht. Sich einlässt auf die Achterbahnfahrt zwischen einbrechender Ohnmacht und ausbrechendem Überlebenswillen.

Mit Dankbarkeit und Wehmut denke ich an die Behinderten eine Generation vor mir, die, wenn sie noch leben, so doch verstummt sind. Hoffentlich hatten sie genug Zeit, die Früchte ihres Zorns auf die Nachkriegsgesellschaft zu ernten, die ihnen das beschwerte Leben zusätzlich erschwerte. Mit ihrer Wut auf eine nicht behindertengerechte Umgebung, ihrem Aktionismus – Sitzblockaden zumeist – und ihrer Verbohrtheit haben sie einen Bewusstseinswandel eingeleitet, von dem ich verwöhntes Behindertenkind nun profitiere: ohne Diffamierungen, ohne Feindbild kann ich mich ganz meinen Einschränkungen widmen.

Ich bedanke mich bei allen Funktionären, Sozialpolitikern und Beamten, die ihr Geld damit verdienen, sich in quälend langen Sitzungen den Hintern platt zu sitzen, um

Verordnungen, Gesetzesvorlagen und Ausführungsbestimmungen für Behinderte zu entwerfen, zu verwerfen, um schließlich zermürbt vom Hickhack der Parteien einem Kompromiss zuzustimmen. Die Energie dazu würde ich nicht aufbringen. Wahrscheinlich hätten wir uns auch nicht viel zu sagen, deswegen ein herzlich knappes Dankeschön.

Ich bin meiner Krankenkasse und den anderen Mitgliedern, die, murrend oder nicht, ihre Beiträge zahlen, dankbar, dass sie mir jeden Monat Spritzen im Wert meines Einkommens stellen. Selbstverständlich ist das nicht, wenn man die Situation mit der in anderen Ländern vergleicht. Und es ist auch in meiner Heimat Deutschland nur auf den ersten Blick selbstverständlich, hier, wo noch nach der Geburt meiner Eltern Behinderte von Staatswegen ermordet wurden.

Schließlich danke ich den Damen (hoffentlich waren auch ein paar dabei) und Herren Forschern, die aus den Eileiterzellen von chinesischen Hamstern dieses Medikament zusammengebastelt haben, das ich mir alle zwei Tage spritze. Auch wenn ich nicht genau wissen möchte, was sie mit den Tierchen gemacht haben ... Ich wünsche ihnen jeden Morgen Frische, Tatkraft und Eingebungen, ich wünsche ihnen Preise und Professuren und hin und wieder einen Kongress auf Hawaii und das Quentchen Glück, das man zum Erfolg braucht. Und ich wünsche ihnen für all die ungelösten Fragen des Leids Ausdauer, Hartnäckigkeit und Ehrgeiz.

Entwarnung. Es beschäftigte mich natürlich doch, ob bei jeder Spritze eine Hamster-Dame unfruchtbar wird. Im vergangenen Jahr wären das allein 156! Deswegen habe ich an das Pharma-Unternehmen geschrieben. Gleich zwei promovierte Pharmazeuten versichern mir unabhängig voneinander – wahrscheinlich abgesichert durch die Rechtsabteilung –, dass die entsprechenden Zellen im Reagenzglas gezüchtet werden. Das Zellsystem des chinesischen Hamsters sei zudem besser bekannt als das des europäischen und würde aus historischen Gründen das erfolgreichere Ausgangssystem darstellen. Selbst bei Hamstern wird China also mehr zugetraut als Europa.

Zurück am Schreibtisch, verkatert

»Die prophetische Aufgabe des behinderten Menschen« – der Titel des Aufsatzes elektrisiert mich. Behinderung ginge, so lese ich mit angehaltenem Atem, jeden etwas an, »weil Leiden, Krankheit, Behinderung und Tod zum vollen Menschsein gehört. Behinderte Menschen erinnern somit uns alle an unser eigenes Menschsein. Sie führen jedermann – ob gewollt oder ungewollt – die begrenzte Hinfälligkeit des Menschen vor Augen.«

So ist das also.

Ich sehe die Autorin vor mir, wie sie nach der Niederschrift dieser Sätze aus dem Fenster auf einen Spielplatz blickte, wo ein Kind gerade einem alten, gebrechlichen Blinden die Farbe einer Blume erklärte ...

Es tut mir herzlich leid, ich bin vierunddreißig Jahre alt und kein lebendes Denkmal, das zu Allerseelen an die Türen klopft und mit rauer Stimme flüstert: »Sieh her, so wirst du auch bald aussehen.«

Ich stelle mich auch nicht mit Carpe-Diem-T-Shirt auf den Marktplatz und skandiere: »Morgen kann es bereits vorbei sein.«

Niemand soll durch meinen Anblick an seine eigene Gebrechlichkeit gemahnt werden. Es mögen doch bitte die, die erinnert werden wollen, an einem regnerischen Sonntagnachmittag über den Friedhof schlendern und Tauben füttern. Ich werde jedenfalls nicht, wenn ich im Rollstuhl, mit Krücken oder sonst wie humpelnd, stolpernd, torkelnd zu einer Party komme, allen Gästen die Laune verderben, damit sie während einer Schweigeminute über die Musikauswahl ihres eigenen Begräbnisses nachdenken können.

Nein. Da ist mir die pragmatische Reaktion einer verschleiert dreinblickenden Dicken doch lieber, die gestern Abend abwechselnd auf meinen Stock und auf mich starrte. Entschuldigend sagte ich:

»Ich habe eine schwere Nervenkrankheit und kann nicht mehr ohne Stock gehen.«

Sie brauchte ein paar Sekunden, um die Information zu verarbeiten. Man sah ihr förmlich an, wie sie mit sich rang, etwas Angemessenes zu erwidern. Schließlich entgegnete sie:

»Ach, wie unpraktisch! Gerade auf einer Stehparty.«

Statt eines Nachworts

Um meine Behinderung besser zu verstehen, habe ich mit spitzen Fingern medizinische Fachbücher durchgeblättert und mich an die Theologie gewandt. Ich habe die Wissenschaft zur Behinderung studiert durchaus mit heißem Bemühen. Was mir aber am meisten gegeben hat in den letzten beiden Jahren, waren die Begegnungen mit Menschen, ob sie mir nun aus einem Buch entgegentraten oder im Café gegenübersaßen. Aus diesen und mit ihnen ist dieses Buch entstanden.

Werke und Autoren, die mich weitergebracht haben, seien im Folgenden genannt:

Silvia Bovenschen: Älter werden. Frankfurt/Main 2006.

Helmut Dubiel: Tief im Hirn. München 2006.

Ursula Eggli: Herz im Korsett. Tagebuch einer Behinderten. Bern 1977.

Erving Goffman: Stigma. Über Techniken der Bewältigung beschädigter Identität. Frankfurt/Main 1975.

Edmond und Jules de Goncourt: Tagebücher. Frankfurt/Main 1996.

Erbst Klee: Behindert. Über die Enteignung von Körper und Bewusstsein. Frankfurt/Main 1980.

Petra Lutz (Hg.): Der (im-)perfekte Mensch. Metamorphosen von Normalität und Abweichung. Köln 2003.

William Shakespeare: König Richard der Dritte. Stuttgart 2002.

Gerd Theißen: Urchristliche Wundergeschichten. Göttingen 1974.

Die Namen der in diesem Buch vorkommenden Personen habe ich verändert, um sie unkenntlich besser kenntlich zu machen.

... zu guter Letzt möchte ich noch auf einen der schönsten Filme zum Thema verweisen, mit den bezauberndsten Behinderten der Welt: »Freaks« von Tod Browning aus dem Jahr 1932.

Dank

Es ist beruhigend, dass die Liste der Danksagungen so lang ist. Zunächst einmal möchte ich ein herzliches Dankeschön aussprechen all jenen, die mir für Gespräche zur Verfügung standen. Zuvorderst seien genannt: Florian, Sebastian, Marcel, Doreen, Thaddaeus, Andreas, Dorrit, Achilles und Nathalie.

An die Freunde der Dank für Geduld, Hilfe und Zuwendung: Thea, Alexander B., Stefan, Beate, Jasmin, Sabine, Céline, Caren, Gottfried, Philipp, Peter, Angelika, Ernst Walter, Alicia, Anne, Mark, Susanne, Susann, Rebecca, Renate, Ingo, Alexander S., Katrin, Wilhelm, Ute, Eva und Thomas.

Ganz besonders gilt mein Dank dem Verlag, der mir von Anfang an das Gefühl gegeben hat, bestens aufgehoben zu sein, stellvertretend für die ganze Mannschaft geht er an Jens Schadendorf sowie an Elisabeth und Friedrich-Karl Sandmann.

Ohne sie alle wäre dieses Buch nicht möglich gewesen. Ich hoffe, sie bleiben mir gewogen. – Widmen möchte ich es meiner wunderbaren Schwester Sally.

München, 21. Januar 2008

ZS DEBATTEN
Das Sachbuch im Zabert Sandmann Verlag.
Eine Kooperation der ZS Verlag Zabert Sandmann GmbH
und der Elisabeth Sandmann Verlag GmbH.
www.zsdebatten.com

Umschlaggestaltung: ZERO Werbeagentur, München
Umschlagfoto: FinePic, Henkensiefken
Innenlayout: Werner Kopp
Herstellung: Karin Mayer, Peter Karg-Cordes
Lithografie: Christine Rühmer
Druck und Bindung: GGP Media GmbH, Pößneck

3. Auflage 2008
ISBN: 978-3-89883-198-7

ZABERT
SANDMANN

ZS DEBATTEN

Das Sachbuch im Zabert Sandmann Verlag

Werner Franke · Udo Ludwig
Der verratene Sport
Die Machenschaften der Doping-Mafia.
Täter, Opfer und was wir ändern müssen
ISBN: 978-3-89883-185-7
264 Seiten, 19,95 € [D], 20,60 € [A], 35,95 sFr

Petra Thorbrietz
Leben bis zum Schluss
Abschiednehmen und würdevolles Sterben –
eine persönliche Streitschrift
ISBN: 978-3-89883-186-4
176 Seiten, 16,95 € [D], 17,50 € [A], 29,95 sFr

Ludger Wößmann
Letzte Chance für gute Schulen
Die 12 großen Irrtümer und was wir wirklich ändern müssen
ISBN: 978-3-89883-187-1
184 Seiten, 16,95 € [D], 17,50 € [A], 29,95 sFr

Andreas Gößling
Die Männlichkeits-Lücke
Warum wir uns um die Jungs kümmern müssen
ISBN: 978-3-89883-199-4
237 Seiten, 16,95 € [D], 17,50 € [A], 29,95 sFr

Dorothee von Meding/Hans Sarkowicz
Philipp von Boeselager
Der letzte Zeuge des 20. Juli 1944
ISBN: 978-3-89883-201-4
216 Seiten, 19,95 € [D], 20,60 € [A], 35,95 sFr

www.zsdebatten.com